Fiestas mágicas

Woman's Value

PANAMERICANA
EDITORIAL

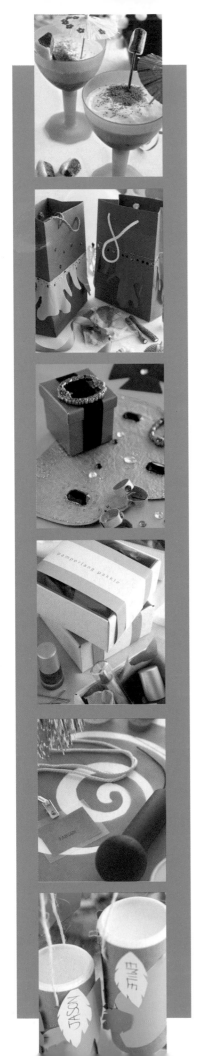

Woman's Value
    Fiestas mágicas / Woman's Value ; traductor María
Sylvia García. -- Bogotá : Panamericana Editorial, 2007.
    128 p. ; 28 cm. -- (Interés general)
    ISBN 978-958-30-2675-1
    1. Festivales 2. Festivales - Organización 3. Diversiones
I. García, María Sylvia, tr. II. Tít. III. Serie.
793.2 cd 21 ed.
A1130827

    CEP-Banco de la República-Biblioteca Luis Ángel Arango

Editor
Panamericana Editorial Ltda.

Dirección editorial
Conrado Zuluaga

Edición en español
Jimena Perdomo Novoa

Fotografías
Anèl van der Merwe

Primera edición en Panamericana Editorial Ltda., Septiembre 2007

© 2007 Panamericana Editorial Ltda. de la traducción al español
Calle 12 No. 34-20, Bogotá, D.C., Colombia
Tels.: (57 1) 3603077 - 2770100 Fax: (57 1) 2373805
E-mail: panaedit@panamericanaeditorial.com
www.panamericanaeditorial.com

© 2004 (edición publicada) Tafelberg Publishers,
un sello editorial de NB Publishers, Cape Town, Sur África

ISBN 978-958-30-2675-1

Impreso por Panamericana Formas e Impresos S.A.
Calle 65 No. 95-28, Tels.: (57 1) 4302110 - 4300355, Fax: (57 1) 2763008
Bogotá, D.C., Colombia
Quien sólo actúa como impresor.

Impreso en Colombia   Printed in Colombia

Contenido

Introducción

Fiestas infantiles —son dos palabras que generan muchas emociones, especialmente alegría y temor; este último experimentado por los padres primerizos cuando enfrentan su primera celebración de cumpleaños. Qué tema escoger, qué torta preparar, a quién invitar y cómo hacerlo, son algunas de las preguntas que surgen y esto, sin pensar todavía en los padres, hermanos, la mesa o el vestido.

En este libro desafiamos el reto de organizar una fiesta infantil y por eso queremos ayudar a hacerle todo lo más fácil posible. Para esto, hemos combinado la creatividad, la economía, el sentido práctico y el espíritu de aventura, con el fin de proyectar una serie de fiestas infantiles que agradarán a todo cumpleañero y convertirán la fiesta en un verdadero placer para las mamás.

En esta aventura creamos bellos y deliciosos temas de fiestas, uno tras otro, para deleitar a nuestros lectores y al personal que conseguimos para que probara las tortas. Y así, con mucha experimentación, risas, diversión y fabulosas tortas, logramos iniciar este libro. Cada uno de los motivos —25 son suficientes para completar la crianza de dos niños y comenzar de nuevo con un tercero— se complementa con recetas de torta fáciles de preparar, diseños de tortas provocativas y sorpresas de fiesta, así como bolsas de golosinas fáciles de elaborar.

No ahorramos esfuerzos para realizar cada una de las fiestas indicadas en este libro. Nos adelantamos para asegurar que los padres que quisieran ir a la fiesta, también tuvieran sus propios pasabocas para deleitarse. Al final, surgieron nuevos consejos prácticos y nos aseguramos de que nada importante quedara por fuera de la lista.

Aquí también le decimos exactamente cómo planear el evento, cuántos niños invitar por grupos de edades, cómo manejar asuntos delicados como la disciplina y los primeros auxilios cuando usted ofrece una fiesta en su casa, y hasta le presentamos algunas sugerencias para mantener entretenidos a sus invitados.

Es muy sencillo, por cada niño que venga a la fiesta de cumpleaños, agregue mucho entusiasmo y usted asegurará que la fiesta sea inolvidable.

Terena le Roux
Editora Woman's Value

Planear una fiesta

Hay tres reglas de oro para una exitosa fiesta infantil: planee bien, sea flexible y no se moleste si algo sale mal. Este es el consejo de las mamás que saben cómo concluir relativamente bien una fiesta infantil; aunque se necesita mucho más que estas tres reglas sencillas.

Su plan de fiesta deberá incluir todo, desde invitaciones, pasabocas, bombas, juegos, torta y refrescos, hasta encontrar un sitio y asegurarse de que el tema de la fiesta sea un sueño hecho realidad para un principito o princesita. La buena planeación garantizará que el día también sea divertido para usted. Sus hijos recordarán durante muchos años las maravillosas fiestas de cumpleaños, de modo que es loable hacer un esfuerzo y eliminar todos los obstáculos.

Añada un toque personal planeando y diseñando usted la fiesta, en lugar de pagarle a alguien para que lo haga. Este libro le da todos los consejos necesarios para saber cómo y qué cosas podría necesitar para planear la fiesta, hornear la torta y decorar el salón. También estará en capacidad de escoger un tema que le encantará a su niño y le asegurará mágicos recuerdos.

El dinero

La planeación comienza con un presupuesto. La cantidad de dinero disponible determinará lo que se puede hacer y el número de amigos que su niño o niña pueda invitar. Comience por organizar las cosas a tiempo, el reloj avanza con rapidez a medida que se acerca el gran día.

Haga la fiesta el mismo día del cumpleaños o, si esto no es posible, el fin de semana anterior o posterior al cumpleaños.

Decida el tema de la fiesta y escoja el lugar. Aparte con anticipación el sitio, si está pensando en hacer la fiesta en otra parte fuera de su casa. Visite personalmente el lugar y cerciórese de que sea adecuado y seguro para el grupo de edad que asistirá a la fiesta de cumpleaños. No tiene sentido apartar una pista de patinaje para la celebración de un cumpleaños de cuatro años. Verifique que haya baños adecuados y una cocina donde pueda preparar comidas instantáneas y servir bebidas, fuera del sitio donde se encuentran los invitados.

Si utiliza un sitio al aire libre, asegúrese de tener un plan alterno, como juegos en el interior, en caso de que las condiciones climáticas no sean las mejores.

Dependiendo de su presupuesto puede pensar en organizar entretenimiento para los niños: todo, desde un castillo para saltar hasta pintura para la cara. Si va a contratar a un profesional para entretener a los niños, averigüe cuánto durará su presentación o acto, de modo que usted pueda programar según este tiempo.

Tenga un plan B para mantener ocupados a los invitados en caso de que el animador no se presente, o se demore.

Invitaciones

Envíe las invitaciones aproximadamente con tres semanas de anticipación, o más, si la fiesta se va a realizar en época de vacaciones escolares. Observe que las invitaciones incluyan el día, la hora y el lugar de la fiesta, así como los detalles de la hora en que deberán ser recogidos los niños después de la fiesta.

Si va a ser una fiesta temática o de actividades, como una fiesta de piscina, incluya esto en la invitación para que los niños se vistan adecuadamente. Una buena idea para una fiesta de piscina es pedirles a los niños que vayan vestidos con sus trajes de baño, lo cual ahorrará tiempo y así no tendrán que desvestirse en varios sitios.

Pídale a su niño que le ayude con la lista de invitados, pero sea firme en el número de estos... muchos pequeños será abrumador para usted y para el niño o niña de la fiesta.

La edad de su niño será una guía para saber cuántos niños invitar. Los niños de uno a dos años disfrutan muy poco las fiestas, por tanto, lo mejor es invitar pocos, solo dos o tres niños. A los niños mayores de tres años les gustan las fiestas, así que se pueden invitar más amigos.

Tenga en cuenta el espacio disponible al decidir el número de invitados. Utilice la edad de su hijo como guía. Hay dos opciones: invite dos niños más que el número de años que cumple su hijo (siete invitados para una fiesta de cinco años y nueve invitados para una fiesta de siete años) o, si se siente valiente, invite el doble: cuatro invitados si su niño tiene dos años, diez invitados si tiene cinco, o catorce invitados si está cumpliendo siete.

Después de los seis años probablemente su niño querrá hacer una fiesta con amigos o amigas del mismo sexo: no invite más de 10 niños. Los adolescentes tienen energía ilimitada, pero cuanto más grandes sean los niños, mayores serán los gastos de entretenimiento. Conserve entonces, un número razonable para que pueda mantenerse dentro de su presupuesto.

Otra buena idea es poner su nombre en la invitación de modo que los padres sepan a quién responder y no tengan que pedir hablar con la "mamá de Camila".

Hora y tema

Decida si será una fiesta por la mañana, por la tarde, o por la noche y programe todo según el horario. Si es una fiesta para muy pequeños, asegúrese de programar todo de acuerdo con sus horarios de siesta y así evitar las pataletas previas a esta.

Particularmente, en fiestas para niños menores de seis, una buena idea es limitarlas a máximo dos horas. Asegúrese de planear bien la estructura de estas, de modo que haya tiempo para comer y jugar, y ¡claro! para abrir los regalos. En una fiesta de dos horas, prevea un tiempo mínimo de 45 minutos para juegos y otros eventos programados.

Involucre a su niño en la decisión del tema de la fiesta y déjelo que le ayude a hacer una lista de compras. Su niño también deberá decidir quién se sentará a su lado si se van a sentar a la mesa en algún momento.

Comience por comprar los artículos no perecederos tan pronto como escojan el tema.

Verifique la confirmación de asistencia una semana antes de la fiesta y llame a los padres que no han respondido.

Todo lo que se pueda comprar, cocinar, hornear o crear con anterioridad y se pueda guardar, como merengues, galletas, bolsas con obsequios o premios, facilitará más las cosas.

Compre comestibles al menos con tres días de anticipación, hornee la torta el día anterior (si está buscando a alguien para que lo haga, encárguelo al menos una semana antes) y finalice la noche anterior la preparación de las cosas de comer, las sorpresas y las bolsas con golosinas.

Asegúrese de tener mesas suficientes para acomodar las comidas, las sorpresas y los regalos, así como sillas suficientes si espera que asistan los padres.

¿Qué juguetes comprar como regalos?

Esto depende de su presupuesto. Aquí hay algunas sugerencias para varios grupos de edades.

Juguetes para bebés: desde recién nacidos hasta 18 meses

Móvil musical, juguetes con espejo de metal, juguetes suaves, molinetes de material suave, animales con sonido, pelotas rellenas o de varias texturas con muescas para que puedan agarrarse fácilmente, juguetes para empujar, juguetes para hacer ruido o golpear, juguetes para apilar, cajas de sorpresa, juguetes para la tina, juguetes sencillos para montar.

Juguetes para niños que comienzan a caminar: de un año y medio a tres años

Gimnasio para jugar al aire libre, caja de arena, rompecabezas, crayolas, carros, camiones, muñecas, teléfonos de juguete, instrumentos musicales de juguete, juguetes para montar, bloques para armar.

Juguetes para preescolares: niños de 3 a 6 años

Marionetas, vestidos de fantasía, equipo para jugar al médico, colores, plastilinas, libros, estaciones espaciales y de gasolina, figuras de animales y personas, tablero, bloques de construcción, rompecabezas, triciclo, CD, videos, y DVD infantiles.

**Juguetes para edad escolar:
niños desde 7 hasta 10 años**

Equipo para deportes, vestidos para muñecas, juegos de armar y pasatiempos, juegos de mesa, cámaras, CD, libros, boletas para cine.

Prepare al anfitrión de la fiesta

Converse con el niño o niña que cumple años, a fin de prepararlo para la tarea que va a desempeñar en el evento. Posiblemente él o ella espera ser el centro de atención todo el día, o "ser los encargados". Usted puede hacerle ver la importancia de ser el anfitrión, cómo comportarse y explicarle que mientras es su día especial, todos los demás niños estarán allá para divertirse y gozar acompañándolo.

Hermanos celosos

Los hermanos y hermanas pueden sentirse excluidos durante los días anteriores a la fiesta. Es importante hacerles caer en la cuenta que ellos serán el centro de atención en su cumpleaños. Asígneles tareas especiales en la fiesta, como ayudar a entregar los premios, o llevar la torta de cumpleaños a la mesa.

Buenos modales

Las fiestas son una gran oportunidad para enseñarles a sus niños algunos puntos de buenos modales.

Recuérdeles la cortesía que implica una invitación. Si no se invita a algunos compañeros de clase, debido al número restringido de invitados, es mejor entregar las invitaciones fuera del salón de clase o enviarlas por correo para evitarle molestias a alguno de ellos y no herir sus sentimientos.

Las fiestas también son una oportunidad de enseñarles a sus niños qué decir cuando se abren los regalos. Si el regalo es repetido, decir "¡Mira, ahora tengo gemelos!", o si el regalo no le gusta, enséñele entonces palabras apropiadas como: "Esto es genial, porque no tengo uno".

Una buena idea para niños (y adultos) es aprender a leer la tarjeta y dar las gracias antes de abrir el regalo.

Recuérdele a su niño que tendrá que escribir y enviar tarjetas, o hacer llamadas de agradecimiento después de la fiesta.

Si ellos son muy pequeños para escribir, haga que firmen con su nombre o pinten un dibujo en una tarjeta de agradecimiento. No se debe olvidar dar las gracias adecuadamente.

Conservar recuerdos mágicos

Debe preservar la fiesta tomando algunas fotos para tener algo más que recuerdos. Si la cámara es manual, asegúrese de tener a mano un rollo y pilas adicionales; si es digital, asegúrese de que las pilas estén cargadas. Tomar fotos instantáneas en una fiesta es algo divertido: las fotos son un buen regalo para que los invitados se lleven a casa.

Consentir a los padres

Puede ocurrir que los padres quieran quedarse un rato en la fiesta cuando traen el niño. Si no los conoce personalmente, emplee este momento para tranquilizarlos y decirles que sus hijos estarán bien cuidados. Deles tiempo y espacio para evaluar la seguridad del sitio y la comodidad de sus niños.

Una buena idea es tener a mano refrescos para ofrecer a los adultos. Prepare pasabocas el día antes y guárdelos en la nevera. Los quiches o rollos de salchicha solo requieren calentarse antes de servirse.

Con frecuencia algunos padres se quedan a charlar cuando vienen a recoger sus niños, para darles unos minutos extra para jugar. Ofrézcales unos pasabocas y una bebida, esto es acogedor y será muy apreciado.

¿Sabía usted que...

Varios países tienen diferentes tradiciones de cumpleaños fuera de la torta, las velas y los regalos?

En Brasil e Italia, el cumpleañero se tira el lóbulo de la oreja, ¡un número de veces igual a la edad que cumple! En Dinamarca, una bandera ondea afuera en una de las ventanas de la casa para mostrar que uno de sus habitantes está de cumpleaños. En Holanda, algunos cumpleaños como 5, 10, 15, 20 y 21, se llaman años especiales y el cumpleañero recibe un gran regalo por este motivo. En Rusia, los niños que cumplen años reciben un pie con un mensaje especial grabado sobre la cubierta y no una torta.

Comience una tradición familiar, por ejemplo un diario de cumpleaños que se actualiza cada año, o una costumbre especial en la que su familia llegue con su deseo o canción especial de cumpleaños.

En el día de la fiesta

No planee más cosas para el día de la fiesta y pídale a una o dos amigas que le ayuden. Arregle la casa antes de que lleguen los invitados para que esté lo más limpia posible. Ponga los platos y tire a la basura los envoltorios y empaques, una vez que las comidas se hayan puesto sobre la mesa. Cuanto más cosas haga antes de la hora de llegada de los invitados, menos tendrá que hacer después, cuando esté cansada.

Primero la seguridad

Tenga a la mano todo lo básico, como antisépticos y curitas para manejar las cortaduras, raspaduras y otros accidentes.

Si la fiesta es al aire libre, asegúrese de aprovisionarse de suficiente bloqueador solar de alto grado de protección y alguna crema calmante para después del sol o gel refrescante de aloe.

Si alguno sufre una caída, observe si tiene signos de somnolencia y pídale al niño que le diga inmediatamente si comienza a tener dolor de cabeza o siente náuseas.

Si los padres no van a estar presentes en la fiesta, asegúrese de tener los números telefónicos de contacto donde pueda conseguirlos en caso de emergencia. Si no logró obtener sus números cuando ellos respondieron la invitación, anote sus teléfonos celulares cuando dejen sus niños en la fiesta para poder contactarlos fácilmente si es necesario. Estas precauciones los tranquilizarán al dejar sus niños en la fiesta.

Pregúnteles a los padres quién recogerá a su niño al final del evento. No permita que un niño salga con otra persona distinta a sus padres, a menos que usted lo haya convenido con estos.

Si piensa decorar con globos, recuerde que estos pueden causar asfixia.

Si piensa dar sorpresas o regalos, asegúrese de que sean apropiados para la edad de sus invitados. Muchos objetos que se venden en los almacenes de juguetes para fiesta, contienen partes pequeñas que podrían causarles asfixia a los niños.

Si la fiesta no se realiza en su casa, pídale a otro adulto que esté presto a llevar los niños al baño si este no está cerca del lugar el evento.

Antes de que lleguen los niños haga lo necesario para que su casa sea segura y nunca deje de vigilarlos. Asegúrese de que haya suficientes adultos para que cuiden debidamente a todos los niños. Si es necesario, asígnele a cada adulto el cuidado de unos pocos niños.

Como parte de sus preparativos, quite todo aparato eléctrico portátil y los objetos rompibles o cortantes.

Durante la fiesta cierre las puertas y entradas del salón. Mantenga un camino abierto para el baño, pero asegúrese de que otros salones que se encuentren a lo largo del camino no sean accesibles a los niños.

Mantenga fuera del camino a las mascotas para que no se pongan nerviosas con el ruido de los invitados divirtiéndose.

Si juega a ponerle la cola al burro, utilice cinta pegante y no alfileres.

Tape con una cubierta segura la piscina (si la hay), si no es una fiesta de piscina y si van a asistir niños muy pequeños.

En una fiesta de piscina, asigne al menos un adulto para que vigile a cada niño. Explique las reglas: no empujar o correr alrededor de la piscina, —antes de permitirles ir a la piscina. Tenga disponible un bloqueador solar adecuado y déjelos tomar la pausa ocasional de alimento y bebida para recargarles el nivel de energías. Una vez finalizadas las actividades en la piscina, asegúrese de que la cubierta de seguridad esté puesta y que la salida al área de la piscina permanezca cerrada.

¿Alguien quiere jugar?

Deje que su niño le ayude a escoger las actividades de la fiesta. Algunos juegos toman mucho tiempo y otros no son suficientemente largos como para estar seguros de que ha escogido una buena variedad de juegos. No utilice juegos de eliminación o de competencia que puedan excluir a algunos niños, o juegos que involucren solo a un niño y que dejen a los otros inactivos.

Juegos al interior

- **Pintura de piedras** Mezcle almidón líquido con témpera y deje que cada niño pinte una piedra como pisapapel para llevar a casa después de la fiesta. Usted también puede sugerirles que decoren las piedras con el tema de la fiesta.
- **Delinear contornos** Haga tiras de papel del alto de un niño, sacadas de un rollo grande de papel fuerte. Cada niño dibujará el contorno de otro niño. Anímelos para que dibujen los rasgos de la cara y los vestidos. Deles botones, plumas, otras decoraciones y pegante.
- **Pintura con los dedos** Mezcle almidón líquido y témpera y haga que los niños decoren globos con pegante, papel, tela, plumas y escarcha.

Juegos al aire libre

- **Sillas musicales** o **safari africano** Incluya estos u otros juegos antiguos favoritos. Construya una carrera de obstáculos con cajas y llantas y deje que los niños crean que son animales que necesitan gatear a través de la selva.
- **Tesoro escondido** Este resulta muy bueno para niños más grandes. Divídalos en dos grupos y deje pistas, como un mapa en una botella o debajo de una piedra, o mensajes secretos fijados a los árboles en el jardín. Premie a los niños con sorpresas para llevar a casa.
- **Escondidas** Dele nueva vida a este juego tradicional. Divida a los niños por grupos o indique áreas prohibidas.
- **Rondas** Una buena elección para pequeñitos; los más grandes se divierten con carreras de encostalados, sacar manzanas con la boca, ponerle la cola al burro y Simón dice.
- **El puente está quebrado** Un juego divertido para los niños. Dos niños forman un arco y los otros pasan por debajo mientras suena la música. Tan pronto como se detiene la música, los dos niños que forman el arco tratan de apresar al que está pasando por debajo en ese momento.

Pintura facial

Pinte la cara de los niños; ¡es más fácil de lo que usted piensa! Aquí le damos algunas estrategias:

- Dibuje en un papel el contorno de caras básicas de animales antes de dejar que cada niño escoja una que le guste. Puede utilizar el contorno como una referencia al pintar.
- Mezcle las pinturas antes de darle a escoger a los niños entre un número limitado de animales: cuatro es suficiente, especialmente si el tiempo es breve, o si hay muchos niños para arreglar.
- Con delineador de ojos, dibuje las siluetas de los animales en la cara de los niños y luego póngales los colores. Cuando seque la primera capa de pintura, dele los toques finales, como bigotes.
- Emplee una esponja en vez de un pincel para aplicar el color de base. Gastará menos pintura, trabajará más rápido y el efecto será impactante pues los rasgos resaltarán más.
- Utilice varios pinceles que le faciliten pintar los detalles.
- Un poco de escarcha añadirá un toque brillante y avivará una nariz de conejo o de gato.
- Ahorre tiempo durante la fiesta utilizando una plantilla y una esponja para aplicar un motivo sencillo en las mejillas. Motivos de flores e insectos son perfectos para una fiesta de jardín y el dibujo de un cohete es ideal para la fiesta espacial.
- Sostenga un espejo en la mano —a los niños les gusta mirar la transformación— y asegúrese de tener suficientes pañitos húmedos para corregir errores antes de que seque la pintura.

Solución de problemas en el gran día

Puede que ese día haya pequeñas fallas y por eso es bueno estar preparado. Aquí hay algunos escenarios y soluciones que le ayudarán para ofrecer una fiesta feliz y sin preocupaciones.

Solitarios

Si algunos no quieren unirse a la diversión y los juegos, anímelos pero no los obligue a participar. Ofrézcales un libro para que lean o un rompecabeza para armen en un sitio aparte del tumulto. Con frecuencia ellos se unirán un poco más tarde cuando estén listos.

Invitados inquietos y alborotados

Tenga en mente algunos juegos calmados para cuando las cosas se le salgan de las manos. Juegos que requieren concentración, memoria o trabajo detallado son los mejores, porque exigen que los niños se calmen para participar. Si usted delimita áreas y cierra con llave las habitaciones privadas de la casa antes de la fiesta, evitará que corran por todas partes sin la supervisión de un adulto.

Cada uno es un ganador

Todo niño deberá recibir un regalo para llevar a casa. La mejor forma para asegurarse de esto, es evitar juegos que tengan solo un ganador. Los juegos de equipo, como tesoro escondido, permiten que varios niños puedan ganar al mismo tiempo. Premie a los jugadores en cada etapa del juego con pequeñas cosas como dulces y elógielos a lo largo de la fiesta.

Invitados inesperados

A veces pueden llegar uno o dos niños más sin haber sido invitados, o un hermano de un invitado puede aparecerse a la fiesta. Prepárese para esta eventualidad y tenga algunas bolsas más de regalos y puestos arreglados.

Lluvia el día de una fiesta al aire libre

Tenga siempre un plan alterno en caso de mal tiempo. Retire los muebles de un salón grande y cubra el piso con cobijas para crear un picnic interior. Piense en adaptar algunos juegos del exterior, pero por si acaso, lo mejor es preparar algunos juegos seguros para el interior.

Después del alboroto

Cuando todos los niños se hayan ido, el niño de la fiesta puede sentirse un poquito abandonado. En lugar de ponerse a arreglar inmediatamente, emplee algún tiempo con su hijo en el sitio de la fiesta. Mire otra vez los regalos que recibió o lea con él uno de los libros regalados. Una idea muy adecuada es reservar un regalo de sorpresa para este momento de tranquilidad y abrirlo entonces.

Viaje al espacio

Torta en forma de cohete

Tiempo de preparación: 1 hora
Tiempo de horneado: 1 hora
Temperatura del horno: 180 °C

1 medida de masa básica para torta de vainilla
1 medida de glaseado básico de crema
colorante azul de repostería

PARA DECORAR
2 palos para pinchos
cartulina
papel de aluminio rojo o plateado
maní recubierto de dulce blanco
dulces rojos y verdes
100 g de coco deshidratado
colorante verde de repostería

1 Torta: engrase y forre un molde redondo para torta de 20 cm de diámetro y engrase dos latas alargadas de conservas vacías. Prepare la mezcla de la torta y viértala dentro de las 2 latas preparadas y el molde.

2 Precaliente el horno. Hornee 40 minutos el molde redondo y deje hornear las latas 20 minutos más, o hasta que al introducir un probador de torta, salga limpio. deje enfriar completamente.

3 Glaseado: deje un tercio del glaseado blanco, coloree el resto de azul.

Decoración

1 Afloje los lados de la torta con un cuchillo sin filo y retírela con cuidado de las latas.

2 Cubra con el glaseado blanco la parte de encima y los lados de la torta grande. Colóquela en el centro de una bandeja.

3 Ponga las tortas de las latas de conserva una sobre otra y luego, póngalas encima de la torta redonda. Inserte palos de pincho dentro de las tortas para mantenerlas en su puesto. Recorte la punta de los palos de modo que no sobresalgan de la torta.

4. Cubra la parte restante de la torta con glaseado azul.

5 Utilice dulces blancos para formar el número de la edad de su hijo en la parte lateral del cohete. Utilice los dulces verdes y rojos para decorar el cohete y haga líneas hacia abajo por los lados y alrededor de los bordes de la torta.

6 Corte triángulos de cartulina para hacer las alas (agrande el modelo de la página 123). Cúbralos con papel de aluminio rojo o plateado. Corte un círculo de cartulina (agrande el modelo de la página 123) y cubra con papel de aluminio rojo o plateado. Dele forma al círculo para elaborar el cono de la parte de encima del cohete. Fíjelo con cinta pegante y colóquelo encima de la torta. Ponga los triángulos a los lados de la torta para formar las alas. Pinte con colorante verde el coco y espárzalo alrededor de la base de la torta.

Decore la escena

Cubra la mesa con un mantel azul o blanco (uno de plástico es mejor), o utilice una mesa desarmable pintada de blanco. Esparza estrellas plateadas por encima para crear un efecto como de cielo estrellado y coloque la torta en forma de cohete en posición, listo para el lanzamiento. Suspenda por encima unos planetas de icopor de color y arregle muy bien alrededor todo el equipo de los astronautas —como bebidas y bolsas para viajar a la Luna— listos para el uso de los pequeños viajeros.

Las invitaciones

Esas invitaciones en forma de planeta trasladarán la imaginación de todo aspirante a astronauta al viaje estelar. Si no pueden conseguirse las bolas de icopor, recorte formas de planetas en una cartulina y decore, o haga una nave espacial en miniatura para cada invitado con un rollo de papel higiénico desocupado y alas de cartulina.

NECESITARÁ

bolas pequeñas de icopor
témperas y pinceles
regla
cartulina dura blanca o plateada
cortador
lápiz

PROCEDIMIENTO

Pinte cada bola de icopor de un color fuerte y deje secar. Luego pinte líneas desiguales alrededor de las bolas con colores contrastantes (más claros u oscuros), para crear un efecto circular.

Elabore unos anillos de cartón para poner alrededor de los planetas, con un ancho de 2,5 cm para escribir sobre este espacio. Escriba los detalles de la fiesta en la parte inferior de los anillos y fíjelos a los planetas para entregarlos a los invitados.

Para la mesa

Pinte bolas de icopor de varios tamaños, de la misma forma que las de las invitaciones, para hacer una exposición llamativa de los planetas. Amarre un bucle en el extremo de un cordón fuerte o hilo delgado y engánchelo en un alfiler doblado. Introduzca el alfiler en el planeta ya pintado y suspéndalo del techo. Cuelgue los planetas a diferentes alturas y distancias entre sí.

Deliciosas galletas en forma de estrella

Mezcle 140 g de harina para torta, 200 g de queso rallado Cheddar, 100 g de margarina y 125 g de papas fritas con sabor a queso y cebolla, hasta formar una masa suave. Cubra con plástico y enfríe en la nevera durante 20 a 30 minutos. Extienda sobre una superficie ligeramente enharinada y corte en forma de estrellas con un cortador de galletas. Hornee a 200 °C por 10 minutos. Déjelas enfriar.

Para llevar a casa

Bolsas para viajar a la Luna

Todo astronauta necesita alimentos para un viaje espacial. En una bolsa de papel blanca ponga cabello de ángel plateado. Empaque encima gomitas variadas en forma de luna o estrella, una pequeña botella de refresco, calcomanías sobre el espacio, insignias de imitación de la NASA y juguetes que parezcan planetas. Doble hacia abajo y cierre la bolsa con un autoadhesivo.

Otras ideas

Disfraz

Busque una caja de cartón para ponerla en la cabeza del cumpleañero, y hágale una abertura para la cara. Pinte la caja de plateado y decórela con escarcha. Pegue tapas de botella rojas y verdes para simular botones. Pegue el extremo de una manguera vieja de la lavadora a la parte trasera e insértela dentro de una serie de cajas pintadas para simular el tanque.

Manía de escribir cartas

Personalice con etiquetas los vasos de las bebidas, las bolsas para viajar a la Luna y la decoración de la mesa para agregar algo divertido.

Únete al circo

Torta de payaso

Tiempo de preparación: 1 hora
Tiempo de horneado: 40 a 50 minutos
Temperatura del horno: 180 °C

1 medida de mezcla básica para torta
1 medida de glaseado básico de crema
colorante de repostería rojo y azul

PARA DECORAR
8 bombones
gomitas y frunas de diferentes sabores, colores
* y formas*
8 cucuruchos de galleta, de color
8 galletas wafer

1 Torta: precaliente el horno. Prepare la mezcla para torta y viértala en un molde redondo de 26 cm de diámetro, engrasado y forrado. Hornee durante 40 minutos, o hasta que al introducir un probador de torta salga limpio. Retire del horno y déjela enfriar completamente.

2 Glaseado: ponga un tercio del glaseado dentro de un recipiente y divídalo por la mitad. Añada unas pocas gotas de azul a una de las porciones y deje la otra de color blanco. Agregue unas gotas de color rojo y azul al resto del glaseado para darle un color morado fuerte.

Decoración

1 Ponga la torta en una bandeja y cubra la parte de encima y de los lados con el glaseado morado. Coloque gomitas o frunas alrededor de la base.

2 Para hacer las caras de los payasos: desempaque los bombones y esparza un círculo de glaseado blanco sobre cada uno. Haga las narices con dulces redondos. Elabore las bocas con gomas rojas y los ojos con dulces redondos pequeños azules o morados.

3 Ponga otros dulces de colores a ambos lados de las caras para simular el cabello. Coloque los conos de helado encima para formar sombreros.

4 Introduzca glaseado azul en una manga pastelera con boquilla de estrella y decore los conos con puntos o rayas.

5 Sitúe las caras de payaso alrededor del borde de la torta. Recorte en triángulos unas galletas wafer. Pegue dos triángulos en la parte de abajo de cada cara para hacer un corbatín.

6 Ponga gomas entre las caras de los payasos para dar un efecto decorativo. Conserve la torta en el refrigerador hasta la fiesta.

Decore la escena

Cubra la mesa con un mantel de rayas blancas y rojas para evocar una carpa de circo y esparza alrededor corbatines de colores vivos, cada uno adornado con un pompón. Agregue color utilizando recipientes trasparentes llenos de dulces de colores muy vivos. Si tiene tiempo, cuelgue muñecas y juguetes livianos en trapecios y cuerdas sin que toquen la mesa. Ponga melodías alegres y consígales pelotas de malabares y aros de hula-hula, de modo que los invitados imiten malabaristas de circo.

La invitación

NECESITARÁ:
hojas tamaño carta de colores
pompones pequeñitos
lápiz, tijeras, pegante

PROCEDIMIENTO

1 Copie y amplíe los modelos de la página 123 en papel de color y recorte una cara redonda, un sombrero y dos formas de pelo. Pegue en la cara redonda el sombrero y el pelo en su sitio, y decore con pompones.

2 Para hacer los ojos, doble por la mitad una tira de papel de color y recorte cuatro triángulos tomando el doblez como la parte ancha del triángulo. Pegue los triángulos por pares en ángulos rectos para formar los ojos de estrella y pegue unos círculos de cartulina de color contrastante para formar el centro de cada ojo. Pegue un pompón rojo al centro de la cara como la nariz.

3 Escriba los detalles de la fiesta en un pedazo de papel de color, córtelo en forma de una gran sonrisa y péguelo en el sitio de la boca.

4 Haga un corbatín de papel brillante y péguele un pompón en el centro. Póngalo en el borde inferior de la cara.

Palomitas de maíz azucaradas

Caliente 30 g de margarina en un recipiente grande; agréguele 125 ml de maíz y tápelo. Cocine con calor medio, removiendo ocasionalmente la sartén, hasta que el maíz deje de abrir. Retire el recipiente del calor, reparta en dos recipientes el maíz. Mezcle 300 g de azúcar, 125 ml de agua y 50 g de margarina en una cacerola. Revuelva en calor medio hasta que se disuelva el azúcar; cocine durante cinco minutos sin dejar de revolver. Retire la cacerola del fuego y vierta el almíbar (mitad y mitad) en dos tazones pequeños. Agréguele a una mitad unas pocas gotas de colorante de repostería y revuelva. Agréguele unas pocas gotas de otro color a la otra mitad de almíbar. Vierta el almíbar de colores sobre las palomitas de maíz, un color en un recipiente y el otro color en el otro. Revuelva bien y rápidamente cada uno para que se distribuya bien. Mezcle las palomitas de maíz en un tazón grande o déjelas en recipientes separados.

Para llevar a casa

Envíe a casa los pequeños invitados con bolsas de colores llenas de sorpresas especiales.

Pegue un sombrero de color llamativo en la esquina de cada bolsa y añada limpiapipas (alambres forrados), pompones y más recortes de papel. Reemplace las manijas por un limpiapipa grueso y llene la bolsa con dulces.

Otras ideas

Vestuario de fiesta

Regálele a cada invitado un sombrero de fiesta.

Amplíe y dibuje el modelo de la página 123 en papel de color y recorte la forma del sombrero. Enrolle para hacer un cono y pegue ambos lados con una cinta pegante de doble faz. Péguele al sombrero un limpiapipa grueso y algunos pompones de varios tamaños y colores.

Haga dos pequeñas perforaciones en cada lado del sombrero y coloque un elástico delgado que vaya de un lado al otro del sombrero, pasando por debajo del mentón del niño. Pase el caucho por los orificios y haga un nudo en ambas puntas.

Estás invitado a la fiesta de Pablo.
Este sábado en nuestra casa de
9 a. m. a 11 a. m.
Para Pedro

Linda como una princesa

Torta de princesa

Tiempo de preparación : 1¼ horas
Tiempo de horneado: 1½ horas
Temperatura del horno: 180 °C

1 medida de mezcla básica para torta de
* vainilla*
1½ medidas de glaseado básico de crema
colorante rosado para repostería

PARA DECORAR
1 muñeca
4 galletas María
maní o almendras recubiertas de dulce
perlas plateadas
gomas o dulces rosados redondos
gomas o frunas rosadas en forma de corazón

1 Torta: precaliente el horno. Prepare la mezcla de la torta y hornee en una refractaria engrasada de 2½ litros. Hornee hasta que al introducir un probador de torta salga limpio. Retire del horno y deje enfriar completamente.

2 Glaseado: prepare el glaseado y divídalo por la mitad. Ponga color rosado pálido en una mitad con unas pocas gotas del colorante. Divida la otra mitad en dos partes y deje una blanca; en la otra ponga unas pocas gotas del colorante para obtener un rosado fuerte.

Decoración

1 Utilice un cuchillo de sierra para cortar la base de la torta y nivelarla. Guarde los recortes de la torta. Desmolde la torta sobre una base redonda o cuadrada. Emplee un cuchillo afilado para hacer un hueco en el centro de la torta, para encajar allí la muñeca.

2 Desvista la muñeca y métala dentro del hueco de la torta. Ponga pedazos de torta como soporte para mantener recta la muñeca. Esparza glaseado rosado pálido sobre las galletas María y péguelas alrededor de la muñeca, encima de la torta.

3 Cubra las galletas y la torta con glaseado rosado pálido. Coloque las almendras o maní recubierto de dulce rosado y blanco alrededor de la base de la torta.

4 Ponga glaseado rosado fuerte en una manga pastelera o en un decorador de pastelería y adorne alrededor de la parte superior de la falda. Decore el corpiño de la muñeca.

5 Coloque perlas plateadas alrededor del cuello y de las tirantas del vestido. Decore el vestido a lo largo con cuatro rayas verticales de rosado fuerte. Decore con glaseado blanco alrededor de la parte superior y la parte de abajo de la falda.

6 Decore con gomas redondas rosadas y con perlas plateadas. Al azar coloque gomas o frunas en forma de corazones alrededor de toda la falda para adornarla.

Decore la escena

Cubra la mesa con un bonito mantel rosado de gran tamaño o tiras de papel crepé. Pegue lentejuelas al azar sobre una tira de tul rosado o lila —cuantas más mejor— y colóquela encima del mantel. Ponga la torta y las sorpresas sobre la mesa y algunas flores en macetas alrededor de la torta. Amarre muchos globos a la mesa y a las sillas, listas para que comience la fiesta.

La invitación

Haga lindas tarjetas de invitación, ¡dignas de una verdadera princesa!

PROCEDIMIENTO

1 Corte una cartulina dura, blanca o rosada pálida, en rectángulos de 10 cm x 13 cm. Escriba a mano o imprima y pegue los detalles de la fiesta (hora, lugar, tema, duración y número telefónico) en un lado de cada tarjeta.

2 Calque el modelo de la corona de la página 124 sobre una cartulina dura de color plateado, (una para cada invitación). Pegue las coronas con pegante en barra sobre los rectángulos.

3 Dibuje y recorte tres corazones en papel rosado para cada invitación y péguelos en el sitio con pegante en barra.

4 Decore la invitación con un bolígrafo de pegante líquido dorado brillante y deje secar. Colóquela en un sobre y cierre con un autoadhesivo dorado o con lacre.

Para la mesa

Llene vasitos de veladora con sal marina gruesa e inserte una flor de plástico dentro de cada uno; decore los bordes del vaso con pegante brillante, déjelo secar y póngalo en la mesa.

Si no puede conseguir los vasitos de veladora, pinte recipientes de alimentos vacíos con aerosol plateado, decore con pegante brillante y piedras preciosas de fantasía, agregue la sal y las flores rosadas.

Copas reales

Recórtele aproximadamente 2 cm a la punta de un cucurucho de helado de color. Con glaseado, pegue dulces pequeños de colores pastel a los conos (elabore otro cuarto de glaseado si es necesario). Esparza glaseado sobre las galletas María. Pegue el cono de helado sobre una galleta y decore con perlas plateadas. Coloque un reloj de juguete o un collar en cada cucurucho, o llene con dulces a su gusto. Deje endurecer el glaseado antes de poner las copas en la mesa.

Para llevar a casa

Obséquiele a cada invitado una varita de hada, un estuche de collares (para hacer en la casa) y una selección de dulces deliciosos. Empaque todo en papel de seda doble y amárrelo con una cinta. Decore las puntas de la cinta con gotas de pegante brillante.

Varita de hada

PROCEDIMIENTO

1 Amplíe, dibuje y recorte la estrella de la página 124, luego dibuje la forma sobre cartulina gruesa y fuerte, y recorte bien con cuidado.

2 Corte palitos de madera muy delgados, de 25 cm de largo. Haga una ranura profunda en una punta para insertar la estrella. Agregue una gota de pegante fuerte y encaje la estrella en su sitio; limpie el exceso de pegante.

3 Pinte la varita con dorado brillante, déjela secar y pegue una piedra preciosa grande de fantasía en el centro de la estrella por un solo lado. Aplique pegante dorado brillante a las puntas de la estrella y alrededor de la piedra preciosa para darle un acabado. Amarre un rótulo con cordón dorado a la varita, y escriba o imprima los nombres con letra cursiva.

Joyero

Mida una tira larga de elástico delgado para cada invitada y colóquela junto a una variedad de pepitas grandes y pequeñas de plástico en una cajita trasparente pequeña. Escoja colores que combinen con el motivo de la fiesta.

Invierno, mundo fantástico

Torta de casa en pan de jengibre

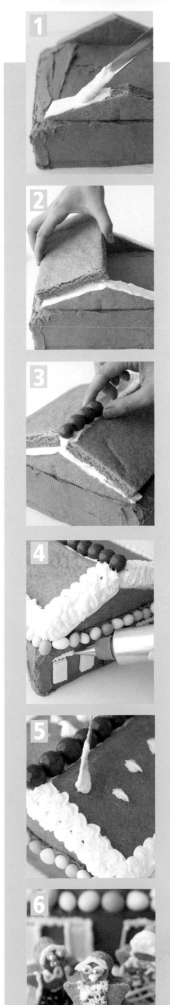

Tiempo de preparación: 2½ horas

2 tortas de molde de chocolate horneadas
1 hornada de pan de jengibre

PARA DECORAR
1 hornada de glaseado básico de chocolate
1 hornada de glaseado royal
bolitas recubiertas de chocolate
maní recubierto de dulce
galletas wafer
pepitas para decorar
perlas plateadas
palitos diminutos de chocolate
dulces redondos
coco con colorante verde de repostería

1 **Torta**: deje enfriar las tortas en sus moldes, luego voltéelas y retire el papel de forrar. Empareje los lados de las tortas de molde con un cuchillo de pan para que queden iguales una junto a la otra.

2 **Pan de jengibre**: precaliente el horno. Hornee el pan de jengibre según las indicaciones. Todavía caliente, corte dos rectángulos de 22 cm x 10 cm. Corte dos triángulos de 20 cm x 11 cm x 11 cm. Con el cuchillo para cortar figuras de pan, corte el pan de jengibre restante haciendo formas, o estrellas si no tiene un cortador de formas.

Decoración

1 En una bandeja, coloque las tortas de molde una junto a la otra y cúbralas con glaseado de chocolate. Ponga los triángulos de pan de jengibre en cada extremo de la torta y esparza glaseado blanco en los bordes.

2 Pegue los rectángulos de pan a los triángulos para formar el tejado.

3 Esparza glaseado royal en el centro del tejado y ponga bolas recubiertas de chocolate a lo largo del caballete. Ponga glaseado blanco en una manga pastelera o decorador de pastelería y adorne los bordes del tejado.

4 Corte galletas wafer en pequeños pedazos para hacer la puerta y las ventanas y péguelas a la torta con glaseado. Decore alrededor de la puerta y de las ventanas para que las galletas wafer parezcan persianas. Pegue un dulce como manija o aldaba de la puerta.

5 Utilice un cuchillo para aplicar unos goterones de glaseado blanco sobre el techo. Déjelos escurrir hasta los bordes para que parezcan nieve.

6 Ponga el coco verde alrededor de la casa para que parezca césped. Luego agregue el maní recubierto alrededor de la casa. Decore los muñecos de pan de jengibre o estrellas con glaseado blanco, pepitas para decorar, palitos diminutos de chocolate y perlas plateadas. Sitúelos alrededor de la casa.

Decore la escena

¿Celebrar un cumpleaños en invierno? Haga olvidar a los pequeños del tiempo lluvioso con una fabulosa fiesta del invierno, mundo fantástico. Cubra la mesa con un mantel blanco, decorado con árboles de pino hechos en fieltro y pompones. Coloque la torta sobre la mesa con pequeñas tarjetas en forma de pinos, deliciosas bolas de nieve y muñequitos de nieve esponjosos hechos de pompones. Esparza chispitas de nieve (confeti blanco) alrededor y como toque final, enhebre los pompones sobrantes en un hilo o cordón delgado y fuerte, y suspéndalos por encima de la mesa para que parezca que nevara.

La invitación

Muñeco de nieve de pompones

Para hacer los pompones, utilice el modelo de la página 124 y recorte dos círculos de cartulina de cada tamaño. Coloque dos círculos del mismo tamaño y comience a enrollar la lana alrededor del borde. Enrolle hasta que la capa de lana esté bien tupida: esto asegura que el pompón quede esponjoso. Separe las hebras de lana del borde exterior para hacer una abertura, introduzca la punta de las tijeras y corte a través todas las hebras de lana del borde externo. Amarre todas las hebras entre los dos redondeles con una hebra de lana y hágales dos nudos fijos. Retire suavemente el cartón de cada extremo y esponje el pompón. Haga los demás pompones de la misma manera.

Para hacer el muñeco de nieve, pegue un pompón pequeño encima de uno más grande y déjelo secar. Haga una cara en el pompón pequeño pegándole círculos pequeñitos de fieltro negro para los ojos y de color anaranjado para la nariz de zanahoria.

Para el sombrero, corte un círculo de fieltro negro de 4 cm y péguelo sobre la cabeza del muñeco de nieve. Corte una tira de fieltro negro de 2 cm x 6 cm, enrósquela alrededor de su dedo para hacer un tubo y pegue el extremo para asegurarlo. Pegue el tubo a la base del sombrero. Corte otro círculo de 1,5 cm y péguelo en la parte superior del sombrero. Deje secar. Péguele dos palitos al pompón grande para hacer los brazos. En un brazo, pegue la invitación escrita con los detalles de la fiesta.

Para la mesa

Muñequitos de nieve

Siga el procedimiento indicado para el muñeco de nieve que sostiene la invitación.

Árboles

Utilice el modelo de la página 123 para sacar dos formas de árboles. Corte por toda la línea punteada y encaje en la ranura un árbol dentro del otro. Coloque las partes en ángulo recto y el árbol quedará derecho.

Bolas de nieve

En un recipiente grande, caliente 40 g de margarina. Agregue 100 g de maíz para hacer palomitas y cubra con una tapa. Cocine a fuego medio, agitando de vez en cuando la sartén hasta que se abra todo el maíz. Retire del calor y póngalo a un lado.

En una refractaria grande ponga 250 g de masmelos y colóquela a baño de María hasta que se derritan los masmelos, revolviendo de vez en cuando. Una vez derretidos, agrégueles las palomitas de maíz hasta que queden bien recubiertas. Espolvoree azúcar pulverizada para glaseado en sus manos y forme bolas con la mezcla.

Para llevar a casa

Llene bolsitas de plástico con una variedad de dulces blancos. Corte papel blanco en círculos de 5 cm para imprimir los nombres de cada niño. Lamínelos y recórtelos individualmente, dejando un borde de laminado de 2 mm. Perfore un hueco en cada uno e inserte un ojete. Pase un llavero a través del ojete y meta el aro por la parte de arriba de la bolsa. Asegure con un cordón plateado con pompones en los extremos.

Tomás tendrá
una fiesta
el sábado.
¡Ven y
acompáñanos
a comer torta
y a tomar algo!

SUSANA

Planta tus propias margaritas
• Llena una maceta con tierra.
• Planta las semillas a 3 cm.
  de profundidad.
• Deja la maceta donde reciba
  luz solar.
• Mantén la tierra húmeda.
• Mírala crecer

Fiesta de jardín

Torta en forma de mariposa

Tiempo de preparación: 1 hora
Tiempo de horneado: 1 hora
Temperatura del horno: 180 °C

1 medida de mezcla básica para torta de
  vainilla
1½ medidas de glaseado básico de crema
colorante azul de repostería
colorante rojo de repostería
colorante amarillo de repostería

PARA DECORAR
100 g de coco
colorante azul de repostería
gomitas, dulces y barritas de regaliz
limpiapipas de color amarillo

1 Torta: precaliente el horno. Prepare la mezcla para torta y viértala en un molde redondo engrasado y forrado de 28 cm. Hornee hasta que al introducir un probador de torta salga limpio. Deje enfriar completamente.

2 Glaseado: prepare el glaseado y póngale color morado a la mitad del glaseado. Divida el glaseado restante y coloree de amarillo una mitad y de rosado la otra.

Decoración

1 Corte la torta por la mitad y luego un trozo de cada mitad.

2 Invierta los dos lados y coloque los dos trozos en ángulo para que parezca una mariposa.

3 Aplíquele glaseado morado a la base de la torta y decore los bordes con glaseado amarillo.

4 Decore las alas con glaseado rosado y adorne con dulces.

5 Decore el derrededor de la parte inferior de la torta con glaseado amarillo.

6 Mézclele al coco algunas gotas de colorante azul de repostería y aplíquelo alrededor de la mariposa. Coloque la barrita de regaliz entre las alas de la mariposa para formar el cuerpo y ponga los limpiapipas amarillos como antenas.

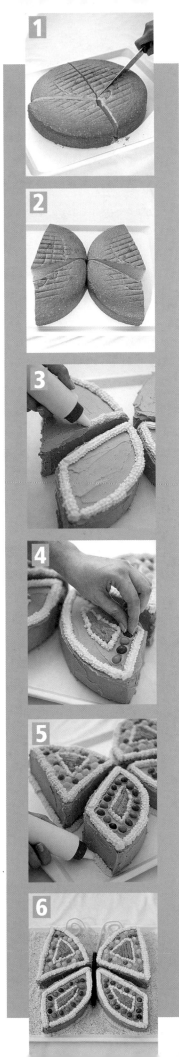

Diversión en la granja

Torta en forma de camión

Tiempo de preparación: 1 hora
Tiempo de horneado: 1¼ horas
Temperatura del horno: 180 °C

1 medida de mezcla para torta de molde de chocolate
2 medidas de glaseado básico de crema
60 g de cocoa en polvo

PARA DECORAR
2 cajas de galletas redondas de chocolate
palitos de chocolate
galletas wafer
variedad de dulces de regaliz, frunas redondas
* y gomitas en forma de gragea*

1 Torta: precaliente el horno. Prepare la mezcla y hornee en dos moldes de 26 cm engrasados y forrados. Deje enfriar en los moldes durante 10 minutos, luego retire de los moldes y deje enfriar completamente.

2 Glaseado: prepare el glaseado. Reparta el glaseado en tres recipientes. En uno, agregue 40 g de cocoa en polvo y en otro, el resto de la cocoa. El glaseado que sobre, resérvelo para hacer los fardos de heno.

Decoración

1 Corte las tortas en rectángulos. Corte un pedazo de 10 cm de la punta de una torta, y luego recorte un cuadrado de la parte del frente de la torta para formar la parte delantera del camión. Rebane una tajada delgada de la parte más alta para que sea ligeramente más baja que la otra torta. Reserve los recortes.

2 Ponga la torta y los recortes juntos en una bandeja para formar la cabina y el remolque. Cubra con glaseado café oscuro el remolque y con café claro la cabina.

3 Emplee las galletas redondas de chocolate para hacer las ruedas. Parta pedazos de 2 cm de la punta de 11 palitos de chocolate e insértelos en las cuatro esquinas del remolque. Pegue los palitos restantes a lo largo de los bordes del remolque y uno en el centro.

4 Coloque galletas wafer para sostener los palitos de chocolate y formar los lados y la división en la mitad del remolque.

5 Utilice dulces de regaliz como las farolas del camión. Emplee gomas en forma de gragea y frunas redondas para decorar los lados de la torta y del camión.

6 Llene las divisiones del remolque con animalitos de plástico y fardos de heno de coco. Triture las galletas redondas de chocolate restantes y espárzalas alrededor de la torta para que parezca tierra. Coloque los restantes fardos de heno y los animales de plástico alrededor de la torta.

Decore la escena

Cubra la mesa con un papel crepé amarillo y ponga en el borde una franja de papel crepé color verde hierba y corte en zigzag un rollo doblado. Coloque la torta en forma de camión en la mesa y ponga muchos arbolitos en pequeñas macetas, tractores de plástico y animales de granja en todo el derrededor para completar la escena. Amarre muchos globos alrededor de la mesa para dar un toque festivo y busque CD con canciones de animales o de la granja como música de fondo .

La invitación

Amplíe o dibuje la forma de tractor de la página 124 en cartulina roja o verde, recorte con cuidado y péguelo sobre una cartulina blanca resistente. Dibuje las ruedas de la página 124 en cartulina negra, recorte y péguelas en su sitio. Recorte un círculo más pequeño en cartulina roja y péguelo sobre las ruedas para que parezcan copas.

Con un marcador negro, dibuje con cuidado la puerta y el timón, y pegue por la parte lateral una franja amarilla. Dibuje césped y flores debajo del tractor con crayolas, luego corte muy bien la cartulina blanca que sobró, alrededor del césped y del tractor. Escriba el nombre del invitado, la hora, el sitio, el número telefónico y la duración de la fiesta en el respaldo.

Para la mesa

Inserte bolas de oasis (para arreglos en seco) en una espiga corta pintada de color café. Póngale ramitas cortas de color verde y follaje (para que parezca real) en las bolas. Plante el árbol en un tarro de conservas desocupado, llénelo con sal gruesa, arena o piedritas, enrósquele un poco de cordón o ramas de rafia naturales alrededor del tarro para darle el acabado.

Coloque algunos de los arbolitos en la mesa.

Fardos de heno de coco

Corte los pedazos sobrantes de la torta en forma de cubos y cúbralos completamente con el glaseado blanco reservado. Impregne cada uno en coco tostado y dispóngalos alrededor del camión.

Para llevar a casa

Deles a los invitados estas deliciosas bolsas llenas de sorpresas de la granja.

NECESITARÁ
cartulina rosada delgada
tijeras
marcador negro
limpiapipas de color rosado
bolsas de fiesta
ojos de juguete
pegante fuerte
crayolas

PROCEDIMIENTO

1 Amplíe, dibuje y corte todas las partes del cerdito de la página 124 en cartulina rosada. Dibuje las patas, los ojos, las orejas y los orificios de la nariz con un marcador negro.

2 Enrosque el limpiapipa en forma de sacacorchos y corte de modo que quede un poco más corto. Haga una pequeña perforación en la cartulina, en la marca de la cola, para marcar uno de los recortes del cuerpo del cerdo. Inserte la cola, luego péguela en la parte de atrás de la bolsa de regalo.

3 Pegue la boca en la cara del cerdo y coloree las orejas y la boca con crayola rosada.

4 Doble un pedazo de la cartulina rosada sobrante en forma de acordeón. Pegue una punta al hocico y la otra a la cara. Pegue la cara del cerdo y el cuerpo en la parte delantera de la bolsa y deje secar. Llene las bolsas con variados animales y con gomas en forma de animales.

Más ideas

Organice carreras de tractor o de ponis (si las condiciones climáticas lo permiten), o juegos como pegarle la cola al burro para mantener ocupados a los invitados.

Pinte la parte de encima de una mesa desarmable de madera, con pinturas acrílicas para que parezca una granja en la cual se pone la torta y las decoraciones.

Bajo el mar

Torta en forma de pescado de colores

*Tiempo de preparación: 1½ horas
  aproximadamente*
Tiempo de horneado: 30-35 minutos
Temperatura del horno: 180 °C

*1 medida de mezcla básica para torta de
  vainilla*
1½ medidas de glaseado básico de crema
colorante de repostería rojo y amarillo

PARA DECORAR
dulces
perlas plateadas o doradas
250 g de coco deshidratado
colorante de repostería azul
gomas en forma de pescado y tortuga

1 **Torta**: precaliente el horno. Prepare la mezcla de la torta y viértala en un molde engrasado y forrado de 25 cm x 35 cm. Hornee durante 30 a 35 minutos o hasta que al introducir un probador de torta salga limpio. Saque del horno y deje enfriar completamente.

2 **Glaseado**: prepare el glaseado y ponga en un recipiente una cuarta parte de este y déjelo blanco. Añádale algunas gotas de colorante amarillo y rojo al glaseado restante para que tome un color anaranjado fuerte.

Decoración

1 Amplíe el modelo de la forma de pescado de la página 124 hasta que quede de 35 cm de largo. Recorte la forma del pescado. Corte la aleta superior sacándola del molde. Coloque el pescado sobre la torta ya fría y con un cuchillo afilado corte la torta según la forma del modelo. Puede utilizar mondadientes para fijar el modelo a la torta.

2 Utilice uno de los recortes de la torta para la aleta de abajo.

3 Utilice otro pedazo de torta para la aleta lateral. Corte por el centro del ancho. Colóquela en el pescado para formar la aleta lateral.

4 Marque la torta con un cuchillo para hacer tres rayas blancas paralelas sobre el pescado. Cubra la torta con glaseado anaranjado, sin cubrir las rayas marcadas; rellénelas con glaseado blanco.

5 Utilice dulces y perlas plateadas o doradas para definir la cara y decorar el cuerpo y las aletas.

6 Agréguele al coco unas gotas de colorante azul y revuelva bien. Colóquelo alrededor del pescado para formar el mar. Ponga algunas gomas con forma de pescado o de tortuga encima del coco para crear una escena submarina.

Decore la escena

Arregle la mesa con papel crepé azul y turquesa de varios tonos, y con el papel crepé extra cuelgue tiras largas arriba de la mesa, por encima de la torta para que parezcan algas marinas. Complemente con platos de papel decorados con estrellas de mar, pitillos decorados, deliciosos pedacitos de pulpo y muchas gomas, todos con formas de objetos marinos, y sorprenda a cada invitado con una linda bolsa de dulces decorada.

La invitación

Copie o dibuje una forma de estrella de mar en una cartulina resistente de color; recorte, escriba o imprima y pegue los detalles de la fiesta en un lado. Trace y recorte las demás partes para la cara de la estrella de mar y péguela en su sitio, dibuje o pinte en detalle la boca y pegue los ojos en su lugar. Agregue encima puntos y detalles.

Ponga la estrella en un sobre de color claro y selle con un autoadhesivo que tenga como tema el mar.

Para la mesa

Corte un rollo de papel crepé por la mitad y déjelo doblado. Con líneas continuas, dibuje algas marinas sobre el papel crepé, comenzando y terminando a la mitad del camino de cada lado del pedazo doblado. Corte con cuidado, siguiendo la línea del dibujo. Usted tendrá dos tiras de algas para cubrir toda la mesa y poner debajo de la torta.

Haga otros platos llamativos similares con más formas de estrellas marinas (semejantes a las de las invitaciones) y péguelas sobre los platos de papel. Use pegante y pintura no tóxica.

Pajillas decoradas

Trace y recorte formas de pescados en cartulina de color. Corte dos cuerpos para cada decoración; recorte las aletas para cada uno en cartulina de color contrastante. Pegue las aletas a una parte del cuerpo, decórelas con escarcha y pinte más detalles. Pegue las partes ya finalizadas del cuerpo una con otra, y aplique el pegante sólo en los extremos; no pegue el centro. Deje secar, luego inserte un pitillo por el centro de cada pescado y colóquelos en vasos de colores vivos.

Pulpo de masmelo

Prepare media hornada más de glaseado básico de crema (o utilice los sobrantes de la torta). Esparza el glaseado por encima y por debajo de 16 masmelos. Pegue cada uno en una galleta morena cubierta de yogur. Pegue una goma encima de cada masmelo para que parezca un sombrero. Corte tiras de regaliz en pequeños pedazos y utilice glaseado para pegarlas en los masmelos y para que parezca una cara. Corte más regaliz en tiras delgadas y péguelas por debajo del masmelo para que parezcan tentáculos. Deje secar el glaseado antes de mover el pulpo.

Para llevar a casa

Compre bolsas de papel común y llénelas con deliciosos dulces en forma de pescados y un recuerdo (pueden ser borradores en forma de pescado). Deles a los niños algo para que hagan en la casa incluyendo un estuche para simular un acuario. Lo básico incluye un pescado de plástico de color llamativo, una bolsa con piedritas azules y algas marinas de plástico. Decore la bolsa con un pescado o con estrellas de mar acordes con el motivo de la fiesta.

Más ideas

Este tema es muy apropiado para el verano si tiene una piscina para chapotear. Para añadir a la diversión, tire a la piscina varios pescados falsos, cada uno marcado con un número y deje que los niños se sumerjan y los encuentren. Asígnele a cada pescado numerado, un premio secreto. Consiga en los almacenes de cadena objetos divertidos y económicos.

Abracadabra

Torta de sombrero de mago

Tiempo de preparación: 1 hora
Tiempo de horneado: 1 hora
Temperatura del horno: 180 °C

1 medida de mezcla básica para torta de chocolate
1 medida de glaseado básico de crema

PARA DECORAR
200 g de chocolate para repostería color caramelo
colorante de repostería negro
1 pedazo de cartulina negra
cinta pegante

1 Torta: precaliente el horno. Prepare la mezcla básica para torta de chocolate y viértala en un molde redondo de 25 cm, engrasado y forrado. Hornee durante una hora o hasta que al introducir un probador de torta salga limpio. Enfríe en el molde 10 minutos, después retire del molde y deje enfriar en una rejilla de repostería.

2 Glaseado: prepare el glaseado y póngale colorante de repostería negro.

Decoración

1 Derrita el chocolate al baño de María colocándolo en un recipiente de vidrio. Una vez derretido, vierta el chocolate en moldes en forma de estrella. Ponga a un lado y deje reposar; retire los chocolates de los moldes. Ponga la torta en un cartón y decore con glaseado negro toda la torta.

2 Llene una manga pastelera con glaseado y decore alrededor del borde de la base de la torta.

3 Haga una forma de cono con la cartulina y una los bordes con cinta pegante. Coloque el cono encima de la torta.

4 Decore con glaseado negro alrededor de la base del cono.

5 Decore con glaseado negro alrededor del borde de la torta.

6 Pegue estrellas de chocolate a los lados de la torta. Aplique un poco de glaseado en la parte de atrás de las estrellas restantes y péguelas al azar al cono de cartulina.

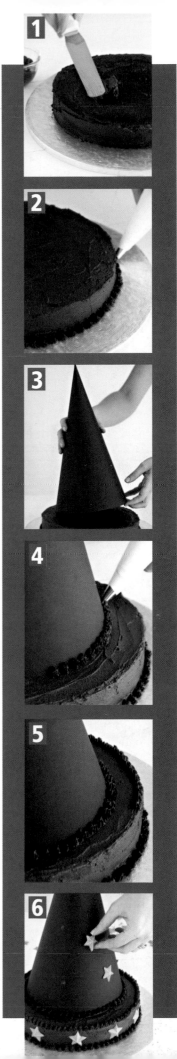

41

Decore la escena

Cubra la mesa con un mantel morado fuerte, azul oscuro o negro y esparza pequeñas lunas y estrellas por todas partes. Coloque por todas partes ratones de plástico, arañas comestibles y otros bichos extravagantes y terroríficos; por encima de la mesa cuelgue estrellas decoradas con escarcha y murciélagos de papel. Amarre globos de color dorado y morado oscuro, inflados con gas, a los bordes de la mesa y disminuya un poco las luces para crear una atmósfera fantasmagórica.

La invitación

Envíele a cada niño una invitación de murciélago, ¡para mantener el misterio!

Amplíe o dibuje la forma de murciélago de la página 125 en una cartulina resistente, recórtela y trácela sobre una cartulina negra o morada brillante. Recorte con cuidado y doble. Pegue una tira de papel en el interior del murciélago con todos los detalles de la fiesta. Póngala dentro de un sobre o entréguela así no más.

Para la mesa

Recorte formas de fantasmas en cartulina morada o negra y cuélguelas por encima de la mesa o alrededor de la torta para añadir un toque de misterio al motivo. Compre bichos de plástico y dulces de formas atrayentes apropiadas para esparcir sobre la mesa; si sobran pueden meterse en las cajas de trucos.

Copas mágicas

Prepare una hornada de glaseado básico de crema. Agréguele colorante morado de repostería, mezclando rojo y azul. Ponga un gusano o una goma en forma de araña dentro de un cucurucho de helado. Cubra con glaseado una galleta María y péguela encima del cucurucho. Decórelo con glaseado morado y pegue dulces morados y perlas plateadas o doradas sobre el glaseado. Decore con una luna o estrella adornada con escarcha justo antes de la llegada de los invitados.

Para llevar a casa

Sorprenda a cada invitado con su propia caja de trucos. Elaborar unas cajas parecidas es fácil: guarde cajas de cartón con tapa (de varios tamaños) y píntelas por dentro y por fuera con témpera dorada.

Deje secar y forre con papel de seda y cabello de ángel brillante. Para los trucos, agregue pequeños sobres llenos de escarcha (polvos invisibles), una pluma negra (pluma de águila), un par de anteojos parecidos a los de Harry Potter y cualquier juego pequeño que encuentre en los almacenes de juguetes. Envuelva en papel de seda varitas mágicas con escarcha y agregue un surtido de fantasmas, bichos, o gomas en forma de sombrero puntiagudo para divertir a los invitados.

Más ideas

Para añadirle al tema, cuelgue hebras de lana negra en las entradas de las puertas y pegue fantasmas en las ventanas y a la entrada. También puede colgar por encima de la mesa la lana que sobre para que parezcan telarañas.

Llene un recipiente grande y hondo con dulces y juguetes terroríficos y agregue pedazos de papel doblados con números que se refieran a los premios misteriosos o a tareas que deban realizarse. Véndele los ojos a los invitados más valientes y déjelos meter sus manos en el recipiente para sacar a la suerte.

Estás invitado a unirte al mago Daniel
en su fabulosa fiesta de magos
el sábado 10 de marzo en el Club Campestre
Favor confirmar asistencia antes del miércoles 7 al 8920154

caja de trucos

¡Icen las velas!

Torta en forma de barco

Tiempo de preparación: 2 horas
Tiempo de horneado: 45 a 55 minutos
Temperatura del horno: 180 °C

2 medidas de mezcla básica para torta de
  chocolate
2 medidas de glaseado básico de crema

PARA DECORAR
colorante de repostería rojo y azul
gomas en forma de bebé
regaliz recubierto de dulce de color rojo, azul
  y blanco
1 paquete de galletas de vainilla wafer
barquillos
mondadientes
palos de pincho
velas para torta de cumpleaños

1 Torta: precaliente el horno. Prepare la mezcla para la torta y viértala en dos moldes redondos de 20 cm, engrasados y forrados. Hornee durante 45 a 55 minutos, hasta que al introducir un probador de torta salga limpio. Retire del horno y deje enfriar en los moldes 10 minutos; después desmolde y deje enfriar en una rejilla de repostería.

2 Glaseado: prepare el glaseado y póngale color rojo a ¾ del glaseado y azul al otro ¼.

Decoración

1 Corte las dos tortas por la mitad. Utilice un cuchillo de sierra afilado para cortar los lados de dos mitades de las tortas para formar el casco.

2 Esparza glaseado rojo sobre la superficie de las dos mitades no curvadas para pegarlas. Pegue todas las piezas a la vez, con los pedazos rectos en los extremos. Debe parecer como un barco con los lados planos hacia arriba. Introduzca dos palos de pincho a través de todos los pedazos para sostenerlos juntos.

3 Cubra con glaseado rojo.

4 Cubra la parte superior de la torta con galletas wafer. Decore el borde del barco con glaseado azul. Utilice dulces rojos azules y blancos para adornar el barco.

5 Inserte mondadientes en las gomas con forma de bebé y póngalas sobre la torta para que parezcan marineros. Haga un mástil con palos de pincho y utilice cartulina para las velas. Pegue estas en el centro de la cubierta del barco.

6 Introduzca velas en los barquillos (el número de velas indicará la edad de su niño). Péguelas a los lados de la torta para que parezcan cañones. Rocíe coco de color azul alrededor del bote y coloque pastelitos en forma de botes de vela alrededor del barco para que parezca como si estuvieran navegando en el océano. Encienda las velas cuando todos estén listos para entonar la canción de cumpleaños.

Decore la escena

Cubra la mesa con un mantel blanco, azul o rojo (los de plástico son muy buenos); haga ribetes con tiras de papel crepé cortadas en forma de ondas, para poner por todos los lados de la mesa. Llene algunos vasos con sal gruesa y banderas festivas y forme islas rocosas con piedritas sencillas o pintadas alrededor de la torta. Para darle el toque final, coloque sobre la mesa barcos de papel (llenos con dulces) y pastelitos.

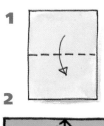
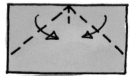
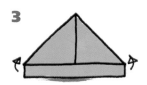
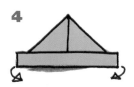

La invitación

Escriba (a máquina o imprima) en un papel blanco o de color de tamaño carta los detalles de la fiesta. Haga un barco de papel con la hoja, coloque una bandera en un mondadientes o palo de bombón como mástil. Convide a los invitados a una aventura emocionante para navegar a través de los siete mares... con un tiempo y sitio de abordaje.

Cómo hacer un barco de papel

Doble la hoja verticalmente por la mitad, junte los lados de abajo y deje los lados abiertos hacia usted. Doble hacia adentro las dos esquinas de arriba hasta que se encuentren en el centro; alíselas. Levante las esquinas de abajo y dóblelas hacia arriba y las esquinas de atrás hacia atrás, empajerando el doblez con el triángulo más grande. Pliegue las puntas debajo de cada una.

Introduzca sus dedos por debajo de la abertura del triángulo, sosténgalo con la punta hacia usted y ábralo; alíselo por delante y por detrás. Doble la parte del frente del extremo de abajo arriba para emparejarlo con la parte de arriba del triángulo y repita esto con la parte de atrás. Inserte sus dedos otra vez en el triángulo y sostenga en un punto hacia usted; abra otra vez, alisándolo como la otra parte, sostenga doblado el papel en forma suelta sobre ambos lados de la forma doblada y estire lentamente la forma para que aparezca el barco. Abra por debajo el barco para que se balancee imponentemente.

Pastelitos en forma de barcos de vela

Prepare una hornada de mezcla básica para pastelitos. Viértala en forros de papel rizado rojo y azul colocados en moldes pequeños de muffins. Hornee a 200 °C por cerca de 15 minutos o hasta que hayan cocinado bien. Enfríe en una rejilla. Cuando estén fríos, aplíqueles glaseado rojo, azul y blanco. Decore cada uno con una vela. Haga pequeñas velas con cartulina cortada en triángulos de color rojo, azul y blanco, y péguelas con cinta a mondadientes.

Para llevar a casa

A cada marinero que llega, obséquiele un equipo de supervivencia: un bolso de plástico con cierre hermético y agregue una pañoleta (para proteger del sol), muchos dulces de colores vivos (vitaminas contra escorbuto), un pedazo de cuerda fuerte (nunca se sabe si ellos lleguen a naufragar), dulces salvavidas y chocolatines. Si tiene tiempo, consiga brújulas económicas, ¡y dele a algunos de los niños parches para que se tapen un ojo!

Manténgalos entretenidos y pídales que encuentren una isla remota (en la parte trasera de su jardín) para que descubran la torta de la fiesta y sorpresas escondidas.

Más ideas

Haga banderas similares con motivos marinos sobre cartulina de color y añada detalles con un marcador o péguéles franjas de cartulina blancas, azules o rojas. Pegue las banderas ya finalizadas en palos de pincho pintados o sin pintar. Para los pastelitos simplemente corte banderas en triángulos o arregle muy bien las puntas. Pegue las banderas en mondadientes o en palos de pincho más cortos.

Bichos escalofriantes

Torta en forma de gusano

Tiempo de preparación: 45 minutos
Tiempo de horneado: 45 minutos
Temperatura del horno: 180 °C

1 medida básica de mezcla para torta de vainilla
1½ medidas básicas de glaseado de crema

PARA DECORAR
colorante de repostería rosado
200 g de coco deshidratado
colorante de repostería verde
dulces y frunas redondas
gomas largas cubiertas de azúcar o regaliz para las patas
2 dulces redondos de regaliz de colores para los ojos
1 goma roja cubierta de azúcar para la boca
1 tira de regaliz
gomas redondas color anaranjado
gusanitos de color anaranjado y rosado (o coco tinturado de color anaranjado o rosado)

1 Torta: precaliente el horno. Prepare la mezcla y viértala en un molde redondo con tubo en el centro. Hornee durante 45 minutos o hasta que al introducir un probador de torta salga limpio. Deje enfriar completamente en el molde. Afloje los lados con un cuchillo romo y desmóldela.
2 Glaseado: prepare el glaseado y póngale color rosado claro.

Decoración

1 Corte la torta por la mitad. Ponga las dos mitades en una bandeja, de modo que formen una S. Cubra toda la torta con glaseado rosado. Ponga dulces redondos alrededor de la base de la torta y unos de color anaranjado en la parte de encima.

2 Coloque hileras de dulces amarillos, anaranjados y rojos para marcar los segmentos. Ponga gomas largas blancas, rojas, amarillas y anaranjadas alrededor de la base, y encima los dulces redondos para formar las patas. En lugar de estas, también puede utilizar tiras de regaliz.
3 Ponga regaliz de colores en un extremo del gusano para formar los ojos y una goma roja cubierta de azúcar debajo de los ojos para formar la boca. Utilice un dulce amarillo para la nariz. Inserte pedazos de regaliz detrás de los ojos para formar las antenas.
4 Rellene con la mitad del coco deshidratado la parte superior de los segmentos del gusano, alternando con gusanitos naranjas y rosados.
5 Inserte en los lados del gusano gomas anaranjadas, encima de las patas. Coloree de verde la otra mitad del coco y espárzalo en todo el derredor de la torta para formar el césped.

Para niño, agréguele un toque más masculino al gusano

Cubra la torta con glaseado verde claro. Utilice dulces cafés, verdes, rojos y amarillos para decorar y rellene los segmentos con gusanitos de chocolate y coco blanco.

Decore la escena

Cubra la mesa con un mantel grande y claro, o pinte una superficie de madera rústica con círculos y puntos de colores claros y alegres. Asegure con chinchetas o cinta pegante, unas cintas de colores vistosos alrededor del borde de la mesa para esconder las patas y crear una mesa de fiesta llena de colorido. Suspenda globos por encima de la torta y esparza en la mesa algunas flores y bichos de plástico para completar el tema.

La invitación

Compre flores de plástico vistosas y pegue un bicho en el frente de cada una con pegante fuerte o silicona. Imprima o escriba los detalles de la fiesta en una tarjeta de color claro, dóblela por la mitad y péguela al tallo de la flor.

La mesa

Cubra la mesa con un mantel de color claro, o decore una superficie con una maceta pintada de blanco haciéndole formas y líneas con pintura para manualidades. Coloque la torta en el centro de la mesa y esparza sobre esta flores e insectos. Utilice recipientes y copas de plástico de color en la mesa y cuelgue muchos globos en todo el salón para dar un ambiente de fiesta.

Arañitas

Mezcle 100 ml de margarina suave con 10 ml de pasta de untar con extracto de levadura. Agregue 100 ml de queso rallado Cheddar. Esparza algo de la mezcla sobre una sabrosa galleta y cubra con otra. Parta en pedazos palitos pretzel e insértelos en el relleno, cuatro a cada lado para que parezcan patas. Ponga dos puntos de pasta de untar con extracto de levadura encima de la galleta para formar los ojos.

Elabore otra clase de dulces con galletas María, cubriéndolas con glaseado de azúcar de color y con tiras delgadas de regaliz para las patas.

Para llevar a casa

Compre frascos de plástico con tapa de rosca y llénelos con dulces de diferentes colores colocados en capas. Elabore una manija con un cordón de color claro o con lazos bien atados alrededor del cuello del frasco y pegue una flor artificial de color vistoso sobre la tapa. Para el acabado, pegue un bicho en un lado del frasco y en el otro meta un papel con el nombre del invitado.

Más ideas

Envuelva limpiapipas de colores vistosos alrededor de bandas elásticas para el cabello blancas sencillas, y a las puntas deles divertidas formas de antenas. Pegue pompones crespos en las puntas para darles un acabado. Obséquiele a cada invitado unas de estas cuando llegue.

"Siembre" más peciolos de flores en vasos claros o de colores y llénelos con gomitas redondas y colóquelos sobre la mesa.

Coloque bichos de goma comestible en vasos claros; para comerlos, acompañe con cucharas plásticas de colores vivos, cada una con un bicho pegado en el extremo.

Esconda bichos de plástico por todo el jardín y ponga a los invitados a encontrarlos.

Otra opción para los frascos con regalos para llevar a casa, es fijar una sola flor (con un bicho pegado a ella), en el frente de una bolsa de papel ya hecha. Y agregue el nombre del invitado en un rótulo atado a las manijas.

Buzzzzzzzzzzzzzzzzzzzzzzzzzzzzzzzzzzzz...
en la casa no. 6 del Conjunto Manzanares a las 2:00 P.
del 7 de marzo, te espera Alicia para una gran fiesta de
bichos de jardín que celebrará su cumpleaños.

Favor confirmar asistencia antes del viernes
4 al teléfono 458796!

Fiesta de té de la osita

Torta en forma de osita

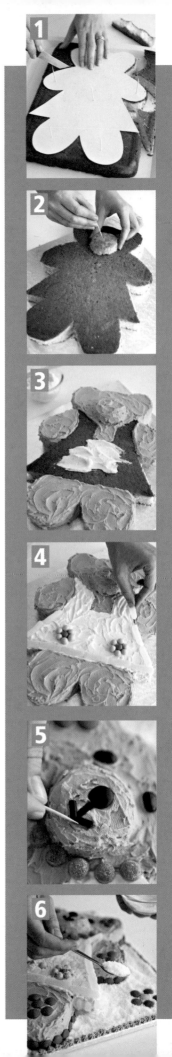

Tiempo de preparación: 1½ horas
Tiempo de horneado: 35 a 40 minutos
Temperatura del horno: 180 °C

1 hornada de mezcla básica para torta de vainilla
1½ hornadas de mezcla para glaseado básico de crema

PARA DECORAR
colorante de repostería rosado y amarillo
dulces, gomas y frunas redondas
1 tira de regaliz
coco deshidratado

1 Torta: precaliente el horno. Prepare la mezcla y vierta en un molde de 25 cm x 35 cm engrasado y forrado. Hornee durante 35 a 40 minutos o hasta que al introducir un probador de torta salga limpio. Retire la torta del horno y déjela enfriar antes de sacarla del molde.
2 Glaseado: prepare el glaseado y divídalo por la mitad; póngale rosado claro a una mitad y amarillo a la otra.

Decoración

1 Amplíe el modelo de la página 126 a 30 cm de largo. Recorte la forma de la osa y fíjela a la torta con mondadientes. Corte alrededor del modelo con un cuchillo afilado y de sierra. Retire el modelo y ponga la torta sobre un cartón.
2 Con un pedazo de los recortes de la torta, corte un círculo uniforme. Únalo a la cara con un mondadientes para formar la nariz de la osita.

3 Cubra con glaseado rosado la cara, los brazos y las piernas de la osita. Cubra el vestido con glaseado amarillo.
4 Pegue gomas amarillas alrededor de los bordes del vestido. Decore el vestido con dulces redondos. Haga un collar con gomitas rosadas. Ponga dulces redondos alrededor del borde de las partes rosadas del osito para marcar las orejas y las patas.
5 Utilice dulces redondos color café para los ojos y la nariz, y corte tiras de regaliz en pedazos para acabar de formar la nariz y la boca.
6 Cubra con glaseado rosado los bordes del cartón de la torta. Esparza coco alrededor de la osita para cubrir el cartón. Utilice dulces redondos para hacer las formas de las flores sobre el coco.

Decore la escena

Es hora del té, entonces saque el juego de té, el mantel y las flores para una divertida mañana en el jardín. Decore un mantel blanco con un divertido dibujo de tetera (especial para la ocasión) y ponga florecitas frescas o de imitación en pequeños tarros para darle un toque verde a la mesa. Asegúrese de tener a mano suficientes tenedores y platos plásticos de torta para las niñas y música alegre en la parte trasera del jardín.

La invitación

Entrégueles a los invitados una máscara sencilla de osito para que puedan colorearla y ponérsela en el día del picnic de la osita.

Copie o dibuje el modelo de la cara del osito de la página 126 en una cartulina delgada y trace las líneas con un marcador negro. Recorte la forma de los ojos y haga un hueco a cada lado de la cara con un perforador de papel. Pase por estos un elástico, amárrelo bien a cada lado y envíeles la máscara a los invitados, con los detalles de la invitación.

Para la mesa

Decore un pedazo de tela con un bonito dibujo en forma de tetera (modelo de la página 126) para hacer más divertido el motivo. Para macetas parecidas, pinte o pegue franjas verticales a los lados de pequeñas macetas de metal.

Mantel para la hora del té

Amplíe o dibuje y recorte el modelo de la plantilla de la tetera (página 126) en acetato. Rocíe el reverso de la plantilla con pegante de aerosol, deje hasta que esté pegajoso y coloque en el sitio sobre el mantel. Esparza un poco de pintura amarillo limón en una bandeja y sumerja una esponja suave dentro de aquella, presione ligeramente en el lado para retirar el exceso de pintura. Presione ligeramente por encima de todo el dibujo de la tetera hasta que se cubra con una capa delgada de pintura; luego retire cuidadosamente la plantilla. Repita esto al azar por toda la tela, presionando suavemente con la esponja por encima del dibujo para evitar que la

pintura se filtre por la plantilla. Limpie el reverso de la plantilla después de usarla algunas veces. Deje lisa la tela hasta que todos los dibujos hayan secado, luego pase la plancha caliente por el reverso para fijar el color.

Pastelitos de miel

Prepare una hornada de mezcla básica para pastelitos. Vierta la mezcla en pequeños moldes forrados con papel rizado para pastelitos. Hornee a 200 °C durante 10 minutos hasta que los pastelitos se doren y cocinen bien. Retire los moldes de la bandeja y déjelos enfriar en rejillas. Cubra con glaseado y chocolate crujiente. También puede espolvorearles polvo comestible de color cobre para darles un brillo adicional.

Para llevar a casa

Dibuje y trace la forma de la pequeña tetera de la página 126 en el reverso de diferentes papeles de envolver regalos, recorte las formas y péguelas en la parte del frente de las bolsas de regalos ya hechas. Reemplace las manijas de las bolsas con rafia de colores vivos y alegres, y llene las bolsas con papel de seda, juegos de fiesta, dulces, autoadhesivos y más. Amarre las manijas con lazos de cinta.

Más ideas

Pídales a los invitados que vistan de colores sus ositos y los lleven a la fiesta. Escoja el ganador por el osito mejor vestido, el mejor traje del acompañante y la mejor combinación de la pareja (propietario y osito acompañante).

Fiesta de pudín

Torta en forma de helado

Tiempo de preparación: 1 hora
Tiempo de horneado: 40 minutos
  aproximadamente
Temperatura del horno: 180 °C

1 medida de mezcla básica para torta de
  vainilla
1½ medidas de glaseado básico de crema
colorante de repostería azul y rosado

PARA DECORAR
dulces color turquesa, rosado, morado y blanco
maní recubierto de dulce
coco deshidratado

1 Torta: precaliente el horno. Prepare la mezcla y vierta en un molde engrasado y forrado de 25 cm x 35 cm. Hornee durante 35 a 40 minutos o hasta que al introducir un probador de torta salga limpio.

2 Retire la torta del horno y déjela enfriar antes de sacarla del molde.

3 Glaseado: prepare el glaseado y divídalo en dos. Coloree una mitad de azul. Divida la otra mitad en tres: coloree una parte de rosado, la segunda de morado y la última parte déjela blanca.

Decoración

1 Amplíe el modelo de la página 126 a 30 cm. Corte el modelo y fíjelo sobre la torta con mondadientes. Utilice un cuchillo de sierra afilado para cortar alrededor del patrón. Ponga la torta sobre un cartón.

2 Con un mondadientes marque sobre la torta la forma de las bolas de helado y de una galleta wafer.

3 Cubra la parte de la copa de helado de la torta con glaseado azul.

4 Cubra con glaseado blanco una de las bolas de helado, la otra bola con rosado y la tercera con morado. Cubra la parte de la galleta wafer con glaseado rosado.

5 Cubra cada bola de helado, la galleta wafer y la copa de helado con dulces que armonicen con el color del glaseado.

6 Ponga dulces alrededor de la base de la torta para darle un lindo acabado. Esparza coco alrededor de la torta y ponga glaseado azul por el borde del cartón de la torta. Pegue maní recubierto de dulce blanco sobre el glaseado del borde como decoración.

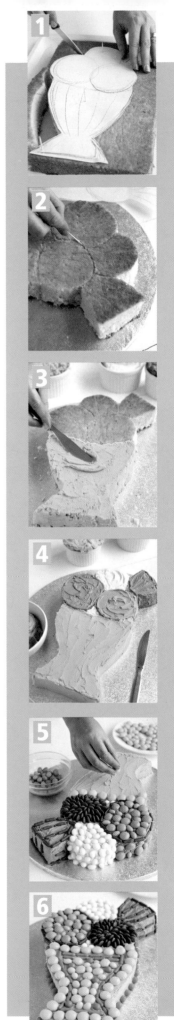

Decore la escena

Esta fiesta de helado es toda una diversión para chiquillas; incluso los sombreros de fiesta decorados, cantidades de pompones y tiras de festones, todo en colores de deliciosos helados, son adecuados para este motivo. Utilice blanco para neutralizar todos los colores y obséquiele a cada invitado un sombrero de fiesta cuando atraviesen el umbral de la puerta; trasládelos a un ambiente festivo y divertido. Ponga una música de fondo estilo carnaval para añadir una atmósfera de celebración y tenga suficientes cucharas y platos listos para que los asistentes a la fiesta comiencen a disfrutar.

La invitación

Consiga cucharas de plástico de colores (perfectas para fiestas estilo pudín, cuando a comer se dice) y agregue una tira de papel con todos los detalles de la fiesta, impresos o escritos en esta. Entregue así, o meta todo en un sobre rosado o turquesa.

Para la mesa

Los sombreros decorados para fiesta son perfectos y festivos para adornar la cabeza; suspendidos por encima de la mesa son una ¡decoración divertida!

Compre sombreros de fiesta de bonitos colores brillantes. Con un pegante fuerte o cinta pegante de doble faz, agregue una fila de pompones alrededor del borde inferior de los sombreros. Deje secar.

Para colgar las decoraciones, amarre tiras largas de cintas de papel un poco rizadas e introdúzcalas en la punta de los sombreros de fiesta, asegurándolas por dentro con cinta o pegante. Voltee hacia abajo la parte de arriba, llene con masmelos y suspenda sobre la mesa. Para completar el ambiente, agregue copas, pitillos y platos, todo de color contrastante.

Tortas de queso sencillas

Triture un paquete de galletas de mantequilla en un procesador de alimentos. Derrita 100 g de margarina y revuelva con las galletas trituradas. Ponga dos cucharadas de la mezcla dentro de una vaso pequeño de plástico y presione hacia abajo. Repita esto con más vasos de plástico. Prepare una caja de mezcla instantánea de torta de queso; viértala sobre la base de galletas y deje reposar en la nevera. Después, decore la parte de encima con crema batida, confites de colores, o chocolate rallado y añada una goma ensartada en un pincho y una sombrilla de coctel para dar el acabado.

Para llevar a casa

Esto es apropiado para utilizar los vasos de papel que sobren; además facilitan armar una bolsa con golosinas que no cuesta mucho.

Forre un vaso desocupado con papel de color o papel crepé ondulado y llénelo con deliciosos dulces y colombinas. Añada un pequeño detalle como una pluma de color o una cinta retorcida de papel y ponga un rótulo con el nombre en un lado del vaso. Envuelva el vaso ya lleno con papel celofán claro y amarre con cintas de papel de colores.

Más ideas

En pinchos largos y pintados ponga masmelos miniatura para que los invitados puedan coger y comer. Póngalos bien derechos en vasos llenos de dulcecitos y colóquelos alrededor de la torta.

Coloque capas de gomitas, dulces y flan en vasos de helado; disponga de unas cucharas extralargas para helado con el fin de que los invitados puedan ¡disfrutar!

Coloque sobre la mesa recipientes con dulces variados de acuerdo con los colores del motivo para que los invitados puedan esparcirlos sobre sus tortas de queso.

Batidos de frutos del bosque o bananos, o leches malteadas de distintos sabores son perfectas para servir como bebidas en la fiesta. Agregue un poquito de colorante de repostería a las bebidas para obtener colores llamativos y alegres, y decore con chispitas y pitillos de plástico curvos.

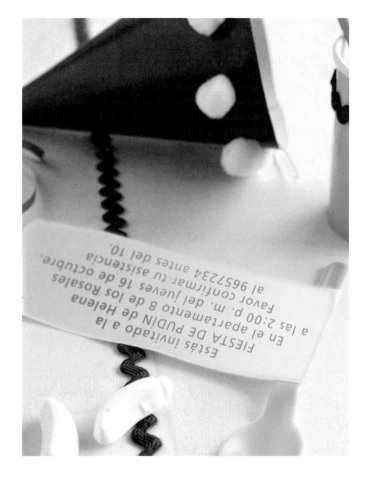

Estás invitado a la
FIESTA DE PUDÍN de Helena
En el apartamento 8 de los Rosales
a las 2:00 p. m. del jueves 16 de octubre.
Favor confirmar tu asistencia
al 9657234 antes del 10.

patricia

Festín medieval

Torta en forma de castillo

Tiempo de preparación: 2 horas
Tiempo de horneado: 40 minutos
aproximadamente
Temperatura del horno: 180 °C

1½ medidas de mezcla básica para torta de
vainilla
2 medidas de glaseado básico de crema

PARA DECORAR
1 palo para pincho
colorante de repostería morado (o azul y
rosado) y azul
5 cucuruchos de helado
dulces morados de diferentes formas
dulces color turquesa
perlas doradas o plateadas
1 chocolate en lámina
5 mondadientes
1 pedazo de cartulina de color turquesa claro

1 Torta: precaliente el horno. Prepare la mezcla y vierta en dos moldes cuadrados de 22 cm, engrasados y forrados.

2 Hornee cerca de una hora o hasta que al introducir un probador de torta salga limpio. Deje enfriar en los moldes por 10 minutos, desmolde y deje enfriar completamente sobre una rejilla de repostería.

3 Glaseado: prepare el glaseado. Meta una cuarta parte en un recipiente y póngale color azul. Divida el resto por la mitad y póngale color morado fuerte a una mitad y morado pálido a la otra.

Decoración

1 De una torta, corte un cuadrado de 15 cm y cinco cuadrados de 7 cm.

2 Coloque en un cartón la torta entera. Encima de esta ponga el cuadrado de torta de 15 cm y luego uno de 7 cm. Inserte el pincho en todos los pedazos para sostenerlos juntos.

3 Cubra con glaseado morado oscuro la parte de abajo y la de encima. Cubra los cuadrados restantes con el glaseado morado pálido.

4 Corone cada pequeño cuadrado con un cucurucho.

5 Llene una manga pastelera con glaseado azul y adorne todo el derrededor de la base de cada cucurucho. Decore la torta con dulces morados y turquesas, y perlas doradas o plateadas. Utilice la lámina de chocolate para montar una puerta en la mitad de uno de los lados de la torta.

6 Corte diez banderas de cartulina. Pegue dos juntas con un mondadientes entre ellas. Elabore del mismo modo cuatro banderas más. Insértelas en las puntas de cada uno de los cucuruchos invertidos.

Decore la escena

Escoja colores vivos como turquesa y morado como los colores principales y combínelos con dorado y escarcha para dar un toque de real opulencia. Como decoraciones sencillas y llamativas, use copas de la realeza con piedras preciosas y escarcha, cruces de oro con incrustaciones estilo medieval, y tiras de cintas. El niño (o niña) del cumpleaños de la nobleza, lleva una bella corona con incrustaciones y los invitados asisten a un verdadero festín real.

La invitación

Qué mejor forma de convidar a los invitados que con un rollo de pergamino real. Simplemente imprima o escriba las convocatorias para la corte real, hechas por el Rey o la Reina, en un pedazo de papel blanco y púlalo ligeramente. Péguelo en el centro de una cartulina tamaño carta de color y enróllela muy bien. Asegúrela con una cinta y póngale un sello lacrado (comprado o elaborado por usted) para darle el acabado final.

Para la mesa

Cubra la mesa con un mantel turquesa y encima ponga un tul del mismo color para darle un toque de opulencia. Coloque cintas de raso en toda la mesa y cruces de oro estilo medieval. Dibuje una cruz medieval en una cartulina gruesa y utilícela para trazar su contorno sobre una cartulina dorada o morada. Recorte muy bien y pegue una piedra preciosa de fantasía en cada una.

Transforme los vasos de bebidas de color dorado pegándoles una piedra preciosa de fantasía en un lado y decorándolos con un bolígrafo de pegante líquido dorado. Aplique poco pegante porque una capa gruesa podría escurrirse.

Galletas en forma de joyas

Bata 250 g de margarina hasta que esté suave. Añada 120 g de azúcar y bata bien. Revuelva una clara de huevo grande, una pizca de sal, 10 ml de esencia de vainilla y 350 g de harina cernida. Mezcle para obtener una masa consistente. Cubra con papel plástico transparente y refrigere durante una hora. Una vez fría, extienda la masa sobre una superficie ligeramente enharinada. Corte círculos con un cortador de galletas. Para la mitad de las galletas, en el centro de los círculos, quite un pequeño círculo. Coloque todos los círculos en una lata de hornear engrasada. Hornee a 200 °C por 10 minutos. Retire del horno. Esparza sobre todos los círculos glaseado azul y pegue encima los círculos con hueco. El glaseado de la torta que sobre, utilícelo para decorar encima de las galletas con dulces y perlas doradas o plateadas.

Para llevar a casa

Forre cajas doradas o turquesas con manojos de tiras de plástico brillantes; luego llénelas con dulces y agrégueles un anillo de la realeza a cada una. Tape cada caja insertando una hebilla a través de una cinta y asegurando la cinta por debajo de la caja con cinta pegante de doble faz.

Más ideas

Pegue botones dorados o adornados sobre el rollo de pergamino en lugar del sello lacrado.

Sorprenda al cumpleañero(a) coronándolo como Rey o Reina de la fiesta. Trace el contorno de una corona sobre una cartulina dorada resistente, recorte y decore con piedras brillantes de fantasía y pegante de escarcha. Ponga cintas o un elástico para mantenerla en su sitio.

Si tiene tiempo, recorte de un cartón duro, una espada medieval para cada niño, y píntelas y decórelas para que parezcan espadas de príncipes. Póngales una cinta para sostenerlas alrededor de la cintura, de modo que los pequeños puedan llevar sus espadas al cinto.

La sirena mágica

Torta en forma de sirena

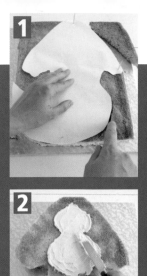

Tiempo de preparación: 2 horas
Tiempo de horneado: 30 a 35 minutos
Temperatura del horno: 180 °C

1 medida de mezcla básica para torta de vainilla
2 medidas de glaseado básico de crema

PARA DECORAR
colorante de repostería anaranjado, rosado y azul
dulces redondos de color rosado, morado y anaranjado
maní recubierto de dulce rosado
dos gomas rosadas o rojas para el biquini
dulces en forma de estrella y redondos para la diadema, el collar y el biquini
gomas para la cara
tiras de regaliz para las pestañas y las cejas
1 dulce en forma de pescado
coco deshidratado tinturado de azul

1 Torta: precaliente el horno. Prepare la mezcla y vierta en un molde engrasado y forrado de 25 cm x 35 cm. Hornee durante 30 a 35 minutos o hasta que al introducir un probador de torta salga limpio. Retire del horno y deje enfriar completamente.

2 Glaseado: prepare el glaseado y divídalo en cinco recipientes. Póngale color rosado fuerte a uno; a otro, anaranjado fuerte; al tercero, anaranjado claro y al cuarto, color piel; al último póngale color azul. (El color piel se obtiene mezclando en el glaseado un poquito de rosado y una medida muy pequeña de color café de repostería).

Decoración

1 Amplíe el modelo de la página 125 para que se ajuste la torta. Corte el modelo y fíjelo a la torta con mondadientes. Recorte el contorno del modelo con un cuchillo afilado de sierra.

2 Ponga la torta sobre un cartón. Utilice un mondadientes para marcar en la torta dónde quedarán el cabello, el cuerpo y la cola. Rellene la cara y la parte del cuerpo con glaseado color piel.

3 Esparza glaseado rosado en la sección de la cola, anaranjado fuerte en la sección del cabello y azul en el agua al lado de la cola.

4 Decore la cola con dulces redondos rosados y morados, intercalándolos para que parezcan escamas. Ponga dulces rosados alrededor de los bordes de la cola y redondos color anaranjado alrededor de los bordes del cabello.

5 Con dulces en forma de estrella o redondos haga un adorno de cabeza para la sirena. Ponga dos gomas para formar el biquini y dulcecitos rosados para hacer las tirantas de su biquini. Corte gomas para los ojos, la nariz y la boca. Corte tiras de regaliz para hacer las pestañas y las cejas. Utilice un mondadientes para marcar los brazos y las manos, y pegue el dulce en forma de pescado para que parezca como si la sirena lo sostuviera. Emplee pequeños dulces redondos alrededor del cuello para formar un collar.

6 Llene una manga pastelera con glaseado anaranjado claro y aplíquelo de modo que parezcan mechones de pelo. Cubra con glaseado azul todo el borde de la bandeja de la torta. Rellene la base de la torta con coco deshidratado de color azul.

65

Decore la escena

Cubra la mesa con un mantel blanco o turquesa, recorte flecos decorativos en forma de algas marinas para los bordes y asegúrelos con cinta pegante. Colme de serpentinas color turquesa todo el lugar y meta en un cofre de tesoro (una caja de zapatos), piedritas y ramas pintadas para que parezcan coral sobre la mesa. Esparza dulces en forma de pescaditos o conchas alrededor de la torta y cree un arrecife con pastelitos de anémonas de colores vivos.

La invitación

Sorprenda a los niños con invitaciones relativas al tema en forma de un bolso de sirena (ver modelo en la página 125). Para cada bolso, agrande, trace y recorte dos formas de concha en cartulina de color, y dibuje ligeramente las líneas de la concha con un lápiz. Pegue una tira de cinta pegante doble faz directamente en la base recta de las dos formas, retire el papel protector y coloque en un lado unas tiras de rafia de color. Una bien las dos formas para que se fije bien la rafia. Abra dos huecos en la parte superior de ambas formas para colocar manijas hechas en cinta. Pase tiras cortas de cinta por los huecos y asegure las puntas por dentro con cinta pegante de doble faz. Imprima o escriba los detalles de la fiesta en una tarjeta blanca, recorte y pegue dentro del bolso, luego decore la parte exterior del bolso con pegante brillante y lentejuelas.

Para la mesa

Haga el borde con el tema. Corte una tira de papel crepé por la mitad para hacer dos pedazos cortos. Dibuje el contorno (ver modelo en la página 125) en todo el papel, luego recorte con unas tijeras afiladas pequeñas. Alise y clave o pegue al mantel.

Pastelitos de anémona

Prepare una hornada de mezcla básica para pastelitos. Vierta la mezcla en pequeños y grandes recipientes de papel rizado para pastelitos y colóquelos en los moldes correspondientes. Hornee a 200 °C por cerca de 15 minutos o hasta que se cocinen bien. Deje enfriar en una rejilla. Cuando estén fríos, cubra con el glaseado anaranjado y rosado que sobró. Decore cada uno con las gomas de colores y de rayas para que parezcan anémonas y corales.

Para llevar a casa

Arregle bolsas con golosinas de sirena de colores alegres en bolsas sencillas. Pegue adornos de algas marinas en las bolsas y agregue algo de brillo con pegante de escarcha y lentejuelas. Llene la bolsa con piedritas, una golosina de algas marinas (mango deshidratado), dulces en forma de corales o pescados y algo de joyería. Si tiene tiempo elabore diademas para las invitadas. Ensarte y pegue cuentas de cristales de fantasía en tiras de cinta de raso ancha para las sirenitas y corte la cinta suficientemente larga para que alcance a amarrarla alrededor de sus cabezas, estilo sirena.

Más ideas

Pinte y decore una caja de zapatos para que parezca un cofre del tesoro de la sirena. Llene con papel de seda y tul, y agregue una corona y un puñado de joyas comestibles.

Oeste salvaje

Torta en forma de botín de vaquero

Tiempo de preparación: 1½ horas
Tiempo de horneado: 35 a 40 minutos
Temperatura del horno: 180 °C

2 medidas de mezcla básica para torta de
*   chocolate*
2 medidas de glaseado de chocolate

PARA DECORAR
1 paquete de galletas wafer de chocolate
3 tiras de regaliz
2 paquetes de gomitas
monedas doradas y algunos chocolates o
*   dulces dorados*
1 pedazo de papel dorado o café
250 ml de coco tostado

1 Torta: precaliente el horno. Prepare la mezcla de la torta y viértala en un molde de hornear engrasado de 25 cm x 37 cm. Hornee durante 35 a 40 minutos o hasta que al introducir un probador de torta salga limpio. Retire del horno y deje enfriar en el molde.
2 Glaseado: prepare el glaseado de acuerdo con las instrucciones de la página 122.

Decoración

1 Corte la torta por la mitad en forma horizontal. Decore la parte de encima y los lados de cada mitad con glaseado de chocolate.
2 Ponga una mitad de la torta en una bandeja. Cubra con monedas doradas y dulces o chocolates dorados; ponga más dulces en el frente de la torta.
3 Coloque con cuidado la otra mitad encima de los dulces para formar la tapa.
4 Cubra la parte de encima y los lados con wafers de chocolate y ponga tiras de regaliz entre los espacios que forman las hileras de galletas wafer.
5 Decore los bordes del frente con gomitas. Corte un pedazo de papel café o dorado y dibuje en él una forma de ojo de cerradura; péguelo en el frente de la tapa.
6 Esparza coco tostado alrededor de la base de la torta. Esparza algunas monedas doradas o dulces en el frente de la caja para que parezca como si se hubieran caído.

Decore la escena

Cubra la mesa con papel azul, rojo y blanco o café, y ponga un puesto para cada invitado, marcado con un individual en forma de cactus personalizado. Ponga la torta en el centro y esparza muchas monedas de oro comestibles alrededor como botín. Simule puertas de salón hechas de cartulina, en la entrada; amarre globos rojos y serpentinas a las sillas, y cuelgue algunas encima de la mesa. Ambiente con música country y del oeste.

La invitación

Amplíe, trace y recorte las formas básicas del modelo de vaquero de la página 127 en cartulina blanca, café, negra y roja, y péguelas sobre una tarjeta de color natural, ya doblada. Escriba el nombre del invitado y las palabras "¡Buenas, vaquero!" en una franja de papel blanco y péguela debajo del vaquero. Escriba adentro los detalles de la fiesta, meta la invitación en un sobre y séllelo con lacrado antiguo. Otra opción para la invitación es enviarle a cada invitado una pistola de agua con un rótulo en el que se escriben los detalles de la fiesta y el vestuario escrito en la bolsa.

Para la mesa

Elabore individuales de cactus personalizados para cada puesto con el fin de que los vaqueros puedan llevarlos a casa. En cada individual dibuje la forma de un gran cactus en cartulina resistente de color verde y recórtelo. Escriba cada nombre de los invitados sobre un cactus o recorte letras en cartulina de diferente color y péguelas sobre cada cactus. Con un marcador negro, dibuje espinas y lamine los individuales si prefiere.

Pasteles en forma de bolsas de monedas

Corte masa de hojaldre ya lista en rectángulos. Ponga salchichas de pollo tajadas y queso rallado en el centro de un rectángulo. Esparza sobre los bordes margarina derretida con una brocha y cubra con otro rectángulo; presione los bordes para sellarlos. Utilice pedazos de cuerda para amarrar la parte de encima del rectángulo como una bolsa de monedas; pase la brocha con mantequilla derretida y hornee a 180 °C durante 10 a 15 minutos hasta que doren. Cuando estén cocinados, pinte con colorante café de repostería el signo de moneda sobre los pasteles, empleando un pequeño pincel.

Para llevar a casa

Dibuje un signo de moneda en la parte externa de las bolsas de papel café. Llene cada bolsa con una pañoleta de cuadros, un lazo, dulces que explotan en la boca, dulces en forma de pistola, cigarrillos de dulce o chocolate, y autoadhesivos o dulces que estén de acuerdo con el motivo. Amarre las bolsas con rafia gruesa. Otra opción es envolver y amarrar algunas golosinas en un pañuelo de cuadros.

Más ideas

Vista al niño o niña de la fiesta como el sheriff de la ciudad; elabore una insignia de cumpleaños con cartulina cubierta con papel de aluminio y póngale un sombrero estilo vaquero.

Cuando lleguen los invitados, enséñeles cómo usar el adorno de vaquero que hay en las bolsas de dinero.

Ponga algo de música country y prepare algunas danzas sencillas de vaqueros.

Celebre la fiesta en una granja o finca y organice carreras de ponis como gran final del día.

Fiesta de pijamas

Torta fiesta de pijamas

Tiempo de preparación: 2 horas
Tiempo de horneado: 35 a 40 minutos
Temperatura del horno: 180 °C

1 medida de mezcla básica para torta de
  vainilla
2 medidas de glaseado básico de crema
colorante de repostería rosado, azul, café,
  anaranjado, negro, morado y amarillo

PARA DECORAR
5 pastelillos rellenos de crema
5 galletas wafer de vainilla o chocolate
5 masmelos
flores de azúcar rosadas, blancas y moradas
(se encuentran en las tiendas para decorar
  tortas), o dulces
1 pedazo de cartulina rosada
coco deshidratado

1 Torta: precaliente el horno. Prepare la mezcla y viértala en un molde engrasado y forrado de 25 cm x 35 cm. Hornee durante 35 a 40 minutos, o hasta que al introducir un probador de torta salga limpio. Retire la torta del horno y deje enfriar en el molde.

2 Glaseado: prepare el glaseado y divídalo en cuatro partes iguales. Ponga color rosado fuerte en una, rosado pálido en otra y deje blanca la tercera parte. Divida el glaseado restante en cuatro partes. Ponga color rosado oscuro, morado pálido y turquesa en tres partes. Divida la cuarta nuevamente en cuatro y póngales color negro, café, anaranjado y amarillo.

Decoración

1 Coloque la torta sobre un cartón. Esparza el glaseado blanco en una cuarta parte y en los lados de la torta para que parezca una sábana.

2 Cubra la parte restante de la torta con el glaseado rosado pálido. Corte longitudinalmente los pastelillos. Colóquelos en el glaseado rosado con el lado del corte hacia abajo.

3 Utilice masmelos planos, redondos, o corte masmelos por la mitad y colóquelos a lo largo de la parte blanca de la torta para formar las almohadas. Cubra los pastelillos rellenos de crema con glaseado rosado.

4 Recorte formas redondas de galletas wafer para hacer las caras. Elabore una manga pastelera con papel de cocina y llénela con glaseado negro. Con este glaseado decore las galletas para que parezcan ojos cerrados. Utilice glaseado rosado oscuro para hacer los labios de las caras. Esparza un poquito de glaseado rosado en la parte trasera de cada cara y péguela sobre un masmelo. Utilice glaseado café, anaranjado y amarillo para formar el cabello alrededor de las caras.

5 Adorne con glaseado turquesa el derrededor de los bordes rosados. Pegue flores o dulces por todo el rosado para que parezca un edredón. Adorne con glaseado rosado fuerte el borde del resto de la cama.

6 Pegue la cartulina contra la parte de encima de la cama para formar un espaldar y decórelo con glaseado rosado oscuro. Adorne el derrededor del cartón de la torta con glaseado oscuro. Esparza coco deshidratado alrededor de la base de la torta.

Decore la escena

No solo transforme una mesa apropiada sino tal vez toda la sala (o una habitación grande) para la ocasión, y asegúrese de que haya suficientes edredones, cojines y toallas. Cubra una mesa baja para café con un mantel rosado; coloque encima hileras de plumas y ponga la torta en su sitio. Arregle los tratamientos de belleza, recipientes con agua y estuches para consentirse y déjelos listos para cuando lleguen las invitadas.

La invitación

Deles una pista a sus invitadas para que vengan a la fiesta, presentándoles una linda máscara tapaojos, acompañada de una tira de papel con los detalles de la fiesta impresos o escritos.

Para elaborar una máscara tapaojos, amplíe y trace el modelo de la página 126 sobre cartulina dura. Recorte y trace dos veces sobre fieltro rosado. Corte muy bien con cuidado, luego mida y corte dos tiras de cordón azul pálido, cada uno de 32 cm de largo aproximadamente para poner a los lados. Junte y sujete con alfiler las dos piezas de fieltro y las puntas del cordón, en la posición que se marca con una X. Deje un borde de 5 mm y cosa a mano, con puntada doble en los extremos del cordón para asegurarlo. Comience y finalice con puntada doble y empareje las puntas.

Para la mesa

Coloque la línea de belleza para la ocasión y trasvase lociones en pequeños frascos de plástico; se consiguen en tiendas mayoristas.

Divida el contenido de una crema blanda (como crema acuosa) en pequeños recipientes y mezcle una gota o dos de colorante de repostería: para cada "tratamiento", un color diferente. Añada una gota de esencias aromáticas para algo de fragancia (averigüe con el vendedor qué aceites son seguros para usar), especialmente aquellos que se utilizan para masajear los pies o como loción para el cuerpo. Vierta los "tratamientos" ya preparados dentro de los recipientes.

En cartulina blanca o rosada, elabore rótulos impresos o escritos con los detalles y corte la cartulina en tiras. Utilice un pegante en barra o pegante de aerosol para fijar los rótulos alrededor de los frascos y sobre estos. Colóquelos en la mesa con toallas para la cara, recipientes con agua, copos de algodón, etcétera.

Cuadritos crujientes con sabor a fruta

Caliente 100 g de margarina y 250 g de masmelos hasta que se derritan. Retire del calor y vierta 100 g de cereal de frutas y 80 g de cereal de arroz tostado. Revuelva bien para que los cubra y póngalos en un molde engrasado. Deje enfriar y reposar, luego corte en cuadritos.

Para llevar a casa

Obséquiele a cada invitada un estuche de belleza para consentirse. Forre una caja cuadrada (preferiblemente con una tapa transparente) con papel de seda y llénela con sorpresas como lima para uñas, brillo labial, esmalte de uñas, pomo y brocha para maquillarse. Imprima o escriba las palabras "Estuche para consentirse" en una tira de cartulina blanca, péguela sobre una tira de cartulina de color más grande y envuelva con esto la parte superior de la caja, asegurando los extremos de abajo con cinta pegante de doble faz.

Para evitar que esta fiesta resulte muy costosa, compre en un almacén de rebajas o en almacenes especializados de artículos de belleza.

Más ideas

Esta fiesta es ideal para un pequeño grupo de niñas para pasar la noche. (¡Muchas resultaría muy costosa!).

Planee unas pocas actividades para comenzar: una rutina de limpieza, exfoliación y tonificación; seguida de una mascarilla humectante. Luego puede dejarlas arreglarse.

Una película para niñas adolescentes es una buena forma de terminar una reunión de tratamientos de belleza. Pregúntele a la cumpleañera qué le gustaría ver.

Estás invitada a la reu[n]
una noche de cel[o]
el día siguiente. Fa[...]

Estuche para consentirse

Carrusel de carnaval

Torta en forma de carrusel

Tiempo de preparación: 1 hora
Tiempo de cocción: 1 hora
Temperatura del horno: 180 °C

1 medida básica de mezcla para torta de
  vainilla
1½ medidas de glaseado básico de crema
colorante de repostería verde, amarillo y azul

PARA DECORAR
gomas en forma de grageas amarillas y verdes
dulces redondos amarillos y verdes
dulces y frunas redondos azules
bombones amarillos y verdes
cinta amarilla
cinta pegante
1 molinete (ver instrucciones en la página 78)
coco deshidratado

1 Torta: precaliente el horno. Prepare la mezcla de la torta y viértala en un molde redondo de 25 cm, engrasado y forrado. Hornee durante una hora o hasta que al introducir un probador de torta salga limpio. Deje enfriar en el molde antes de sacarlo.

2 Glaseado: prepare el glaseado y repártalo en tres recipientes. Coloree uno de amarillo fuerte; otro, de verde fuerte y otro, de azul fuerte.

Decoración

1 Coloque la torta en un cartón. Utilice un mondadientes y una regla para marcar ocho secciones iguales en la parte superior de la torta.

2 Cubra con glaseado amarillo cuatro segmentos y el resto con glaseado verde, alternando los colores.

3 Pegue gomas verdes y amarillas haciendo hileras contrastantes en todos los bordes de cada color. Pegue dulces redondos amarillos y verdes en los bordes de cada uno de los segmentos de la torta. Pegue los dulces azules alrededor de la base de la torta.

4 Ponga bombones amarillos y verdes en el centro de cada sección.

5 Pegue frunas redondas azules en el derredor de la base de cada colombina.

6 Corte ocho tiras delgadas de cinta amarilla y únalas con cinta pegante a la parte superior del molinete. Ponga el molinete en el centro de la torta y separe las cintas de modo que cada una quede extendida hacia una de las colombinas. (También puede emplear ponis de plástico en lugar de colombinas). Adorne con glaseado azul el borde del cartón de la torta y llene los espacios con dulces redondos amarillos o coco de color amarillo.

Decore la escena

Escoja colores vivos y alegres para crear un ambiente festivo y emplee cintas retorcidas, molinetes de papel y muchos globos encima y alrededor de la mesa. Ponga música de feria en el fondo y establezca previamente un número de juegos para que los invitados se diviertan en el prado: bolos, rompecabezas gigantes y competencia para el que coma más dulces, entre otros. Entregue las bolsas de sorpresas al inicio de la fiesta para que los invitados puedan guardar los premios.

La invitación

Convoque a los invitados con un tiquete de forma circular para la feria y ponga el número del invitado a un lado y en el otro los detalles de la fiesta.

Dibuje un círculo grande en cartulina de color y dos pequeños en cartulina blanca para cada invitación (puede emplear copas o moldes para trazar los círculos). Recorte y pegue los círculos blancos en cualquier lado del círculo amarillo. Escriba en negro "Se admite 1 persona" en un lado y los detalles de la fiesta en el otro. Haga un hueco en la parte superior y pase por este una cinta de papel haciendo un lazo. Rocíe la invitación ligeramente con pegante de aerosol azul y esparza escarcha encima. Deje secar.

Para la mesa

Cubra la mesa con un mantel amarillo y esparza confetis verdes como decoración. Para llevar afuera, llene recipientes de plástico trasparentes con una mezcla de dulces verdes, blancos y amarillos e inserte molinetes de varios colores.

Molinetes de papel

Pinte palos de pincho con témperas. Póngalos dentro de un oasis seco o en bolas de icopor para mantenerlos rectos mientras se secan. Utilice una chincheta gruesa para hacer un hueco a través de cada pincho, cerca de 1 cm desde arriba.

Amplíe, trace y recorte el modelo de la página 126. Corte una copia para cada hélice que quiera elaborar en papel de color, haciendo un corte hacia adentro de cada esquina aproximadamente de 1 cm desde el centro del cuadrado. Haga un hueco a través del cuadrado de papel en cada punto marcado, utilizando una aguja gruesa o una chincheta. Comience en una punta, doble una esquina sobre la mitad del cuadrado hasta que quede en su sitio en el hueco del centro. Clave a este una chincheta larga por arriba. Continúe en dirección del reloj doblando y agarrando las esquinas pinchadas con la chincheta. Luego presione la chincheta a través de hueco central y ponga en su sitio sobre el pincho pintado. Asegúrese de que la hélice gire fácilmente y retire con alicates todas las puntas salientes en el reverso del pincho.

Sobre una superficie de trabajo, rocíe ligeramente el molinete con pegante de aerosol y esparza por encima escarcha fina. Sacuda el exceso y deje secar.

Torta en forma de copas de helado

Prepare una hornada de mezcla básica para pastelitos (ver página 117). Póngala en copas de galleta, llenando hasta tres cuartas partes. Ponga las copas en una lata y hornee a 170 °C durante 10 o 15 minutos hasta que se doren y hayan cocinado bien. Retire del horno y deje enfriar completamente. Adorne con glaseado para que parezca un helado suave. Corone cada uno con un dulce redondo, amarillo o verde. Compre cucharitas de plástico y ponga un cucharita en cada uno de los pastelitos para que parezca una copa de helado.

Para llevar a casa

Asegúrese de tener suficientes bolsas para todos los premios de la fiesta de la feria.

Consiga bolsas ya hechas de papel de color y transfórmelas reemplazando las manijas por limpiapipas largos de colores. Estos son fáciles de poner y resultan unas manijas bonitas y fuertes. Pase a través de una de las manijas un rótulo con el nombre, de modo que los pequeños invitados puedan conocer siempre cuál es su bolsa.

Ven y celebra con Fabián,
el 6 de junio
de la 1:00 p. m. a las 4:00 p. m.
en el número 10 de la calle Lisboa

Favor confirmar tu asistencia
con Susana antes del 4
en el 3259467.

¡Al rescate!

Torta de carro de bomberos

Tiempo de preparación: 2 horas
Tiempo de horneado : 25 a 40 minutos
Temperatura del horno: 180 °C

1 medida de mezcla básica para torta de
  molde de chocolate
1½ medidas de glaseado básico de crema
colorante de repostería rojo y negro

PARA DECORAR
6 galletas de chocolate redondas
dulces de regaliz cubiertos
dulces o frunas redondos
dulces de regaliz retorcido
tiras de regaliz
dulces de regaliz rojo
gomas rojas y largas
gomitas amarillas
dos dulces grandes amarillos
botella de plástico para bebidas
papel de aluminio
palitos pretzel
coco deshidratado

1 Torta: precaliente el horno. Vierta la mezcla en dos moldes alargados y forrados de 22 cm. Hornee y luego deje enfriar en los moldes; después desmolde y retire el papel de forrar. Corte la parte de encima de cada torta para que quede lisa.

2 Glaseado: prepare el glaseado. Póngale color rojo fuerte a tres cuartas partes del glaseado y tinture de negro el resto.

Decoración

1 Coloque una de las tortas de molde sobre un cartón. Corte la otra torta por la mitad, recorte una tajada de 3 cm de una de las mitades y ponga este pedazo junto a la torta entera. Ponga la otra mitad junto a este pedazo y coloque el pedazo restante encima de la pieza partida por la mitad de la torta.

2 Decore con glaseado rojo toda la torta de molde. Cubra con glaseado negro el pedazo pequeño que queda junto a la torta entera y con glaseado rojo el resto de la torta.

3 Pegue galletas redondas de chocolate en los lados de la torta para simular las ruedas. Pegue dulces negros alrededor de la parte negra de la torta.

4 Pegue regaliz retorcido en la trompa del camión, en los bordes de arriba y abajo. Pegue dulces o frunas redondas en los lados y en el frente del camión. Pegue los dos dulces grandes amarillos al frente como farolas. Utilice tiras de regaliz para las ventanas. Pegue la goma larga roja encima del camión para que parezca una luz larga y ponga las gomitas amarillas en una hilera detrás de esta.

5 Ponga franjas de regaliz rojo encima del resto del camión. Pegue dulces o frunas redondas alrededor de los otros lados. Cubra una caja de plástico de refresco con un papel de aluminio y péguelo encima del camión. Decore con glaseado negro los bordes de la caja. Haga tres líneas de glaseado negro en la parte de arriba de la caja y pegue palitos pretzel encima para que parezca una escalera.

6 Enrolle tiras de regaliz para que parezcan mangueras de bomberos y péguelas sobre la parte de atrás de la caja y de la torta. Decore con glaseado rojo los bordes del cartón y esparza coco alrededor de la torta.

Decore la escena

Construya un escenario creíble de incendio de una casa, utilizando cartulina, pintura y materiales para armar juguetes y colocarlos sobre la mesa. Cuelgue globos de colores vivos en el salón y arregle los vasos, la comida y equipos de bomberos, y alístelos para que los fatigados bomberos los disfruten después de sus actividades extenuantes. Dele al niño de la fiesta, como líder del equipo, su propio sombrero de bombero e insignia y que un pequeño grupo se ingenie actividades para invitados muy activos. Sería muy útil un gimnasio con juegos para niños.

La invitación

Envíele a cada invitado una tarjeta con un llamado a servicio, complete con el número de bomberos y detalles del lugar dónde deben reportarse para cumplir su servicio.

Pegue los detalles escritos o impresos sobre un pedazo de cartulina roja doblada y decore con autoadhesivos de bombero. Selle también la invitación con un autoadhesivo.

Para la mesa

Pinte y recorte una calle con curvas utilizando una cartulina negra resistente. Márquele líneas blancas pegando franjas de papel blanco sobre la calle y ponga la calle sobre la mesa. Coloque la torta sobre la mesa, luego ubique recortes de cartulina azul y verde alrededor de la torta y de la calle para que parezcan prados, lagunas y ríos. Construya una casa cubriendo una pequeña caja con cartulina (o pintándola) y póngale un tejado de cartulina. Corte parte del tejado y llene el espacio con pequeños manojos de celofán retorcido rojo y amarillo para que parezcan llamas.

Consiga pequeñas señales de tránsito de plástico, árboles, animales y gente, y dispóngalos sobre la mesa para completar la escena.

Barras energéticas

Derrita 160 g de margarina con 100 ml de almíbar en una sartén. Vierta 200 g de azúcar hasta que se disuelva. Una vez disuelta, póngala a hervir dos minutos, revolviendo. Retire del calor. Mezcle 160 g de hojuelas de avena, 110 g de harina para torta, 5 ml de canela en polvo, 100 g de maní finamente picado, 50 g de uvas pasas, 50 g de albaricoque deshidratado picado y 25 ml de semillas de ajonjolí. Vierta esto en la mezcla de azúcar. Comprímalo en un molde engrasado de 16 cm x 26 cm. Hornee a 180 °C durante 25 a 30 minutos hasta que comience a tostar encima. Deje enfriar ligeramente. Utilice un cuchillo afilado de sierra para cortar cuadrados o rectángulos. Para mayor energía, rocíe con chocolate derretido cuando esté frío.

Para llevar a casa

Dele a cada bombero su propio portacomida (lonchera) para el almuerzo. Forre con papel de seda rojo arrugado y añada algunas barras energéticas hechas en casa, autoadhesivos, pitos de fiesta, un par de curitas, uno o dos juguetes pequeños, algunos dulces y tal vez plastilina para jugar si los invitados son todavía muy pequeños.

Pegue un rótulo con el nombre del bombero y el número sobre una franja ancha de cartulina roja y envuélvala alrededor de la caja, asegurándola por debajo con cinta pegante.

Otra idea

Organice para los invitados un viaje a la estación de bomberos local, a fin de ver cómo funciona en realidad una máquina de bomberos.

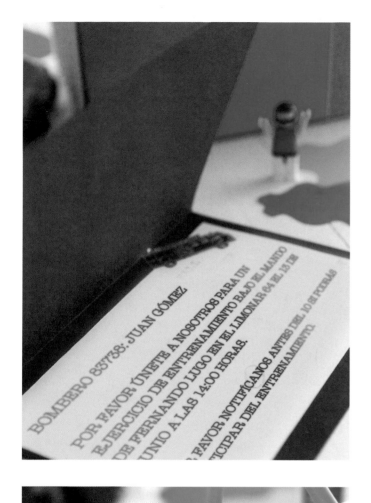

BOMBERO 837738: JUAN GÓMEZ

POR FAVOR ÚNETE A NOSOTROS PARA UN
EJERCICIO DE ENTRENAMIENTO BAJO EL MANDO
DE FERNANDO LUGO EN EL LIMONAR 64 EL 15 DE
JUNIO A LAS 14:00 HORAS.

FAVOR NOTIFÍCANOS ANTES DEL 10 SI PODRÁS
PARTICIPAR DEL ENTRENAMIENTO.

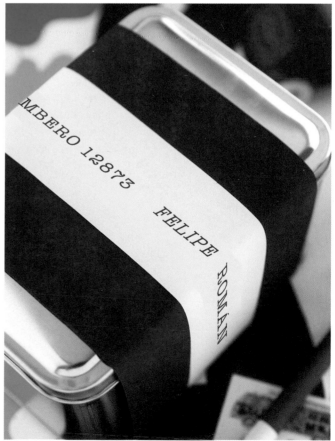

MBERO 12873   FELIPE ROMÁN

Alcanza las estrellas

Torta en forma de radio con CD

Tiempo de preparación: 1 hora
Tiempo de horneado: 35 a 40 minutos
Temperatura del horno: 180 °C

1 medida de mezcla para torta molde de chocolate
1 medida de glaseado básico de crema
colorante de repostería anaranjado y negro

PARA DECORAR
un pedazo de cartulina
papel de aluminio rosado o plateado
dulce de regaliz retorcido
dulce de regaliz variado
dulces o frunas redondas color anaranjado
dulces redondos azules

1 Torta: precaliente el horno. Vierta la mezcla en dos moldes rectangulares forrados, de 22 cm. Hornee y deje enfriar en los moldes; luego desmóldelas y retíreles el papel de forrar y pula los bordes para que queden rectos.
2 Glaseado: prepare el glaseado. Ponga color anaranjado fuerte en tres cuartos de la torta y el resto color negro.

Decoración

1 Cubra la parte de encima de la torta en forma de rectángulo con glaseado anaranjado. Coloque la otra parte rectangular encima. Cubra toda la torta con glaseado anaranjado.
2 Ponga dulces o frunas redondas anaranjadas alrededor de los bordes de la torta, y tiras de regaliz a lo largo del borde de los dulces.
3 Recorte un círculo bastante grande en cartulina, para fijarlo en la parte frontal de la torta. Cubra la torta con papel de aluminio rosado o

plateado. Corte un círculo más pequeño y cúbralo también. Llene con glaseado negro una manga pastelera y escriba las letras "CD" sobre el círculo grande. Haga con glaseado una imitación de entrelazado en el círculo pequeño. Pegue los dos en el frente de la torta. Adorne los bordes de los dos círculos con glaseado negro.
4 Corte cuadritos de regaliz variados y péguelos a un lado del radio con CD. Pegue un dulce redondo de regaliz variado debajo de aquellos y decore alrededor con glaseado negro. Inserte un regaliz retorcido en la esquina derecha de la parte de encima para hacer la antena.
5 Corte una tira de cartulina de 2 cm x 10 cm y cúbrala con papel de aluminio. Con un lápiz negro escriba "Stereo" y "AM/FM" sobre el radio para simular un dial de radio. Pegue la cartulina en la parte de encima de la torta y decore el derredor con glaseado negro. Ponga un dulce de regaliz azul y frunas o dulces redondos azules a lo largo de la franja.

Decore la escena

Crear una atmósfera vibrante con colores anaranjados, amarillos y turquesas, con serpentinas y racimos de globos. Aliste alimentos para llevar afuera cuando lleguen los hambrientos invitados y haga sonar la música favorita del cumpleañero. Obséquieles a los invitados sus escarapelas de fiesta con el nombre de cada uno y tenga lista una grabadora o cámara manual para cuando comiencen a cantar en el karaoke.

La invitación

Compre varias cajas vacías de CD y carátulas interesantes con papel de colores y gráficas de computador. A veces se emplea una estrella de gran tamaño en la carátula y se repite en el reverso con los detalles de la fiesta. Escriba o imprima las palabras "¿Tienes lo que se necesita para ser una estrella?" unas pocas veces, en un par de renglones. Recorte y envuelva como una cinta alrededor de la caja del CD, asegurando las puntas una con otra por detrás, con cinta pegante de doble faz.

Para la mesa

Consiga formas y colores alegres para crear la atmósfera precisa. Corte varias espirales de gran tamaño de cartulina color anaranjado fuerte, variando los tamaños, colóquelas sobre la mesa, y disponga vasos de color amarillo y anaranjado fuerte, serpentinas y decoraciones brillantes.

Para las escarapelas compre cordones con clips para escarapelas. Imprima y recorte todos los nombres de los invitados en tarjetas de colores fuertes. Para cada escarapela, corte una forma ligeramente más grande de plástico transparente delgada y resistente. Rocíe ligeramente con pegante de aerosol el frente de cada tarjeta con el nombre y péguela sobre el plástico. Haga un pequeño corte para fijar el clip.

Los micrófonos de imitación son perfectos para las estrellas pop del karaoke. Para el soporte, corte un rollo de papel higiénico vacío de arriba abajo y enróllelo en forma de un tubo más angosto. Asegure con cinta pegante. Cubra cada tubo con un pedazo de cartulina delgada negra y asegure los extremos con cinta doble faz. Pinte unas bolas de icopor con dos capas de pintura negra para manualidades; deje secar la primera capa antes de aplicar la segunda. Inserte una bola en el extremo de cada soporte. Para darle un acabado, corte unas tiras de un cordón delgado negro y asegúrelos por dentro de cada tubo del micrófono.

Pizzas perfectas

Compre bases de minipizzas. Pique una cebolla y un pimentón verde o amarillo. Caliente 30 ml de margarina en una sartén y añada la cebolla con el pimentón. Fría por dos minutos. Retire de la sartén y fría 250 g de jamón picado hasta que quede crujiente. Esparza queso rallado sobre la base de la pizza y por encima. Coloque las pizzas en una bandeja y hornéelas a 220 °C durante 15 a 20 minutos hasta que se derrita el queso.

Para llevar a casa

Vaya con el niño o niña de la fiesta a comprar en los almacenes de rebaja y consiga accesorios estilo adolescente como brazaletes, llaveros y aretes, bandas para la cabeza y demás parafernalia para niños y niñas. Meta cada objeto en un recipiente transparente (los recipientes de queso son apropiados) y pegue encima y a los lados una franja con el nombre del que lo recibe.

HORA: 4:00 P.M.
FECHA: 21 DE JUNIO
LUGAR: FECHAS Y FIESTAS
TRAJE: ESTRELLA DE POP

FABIÁN

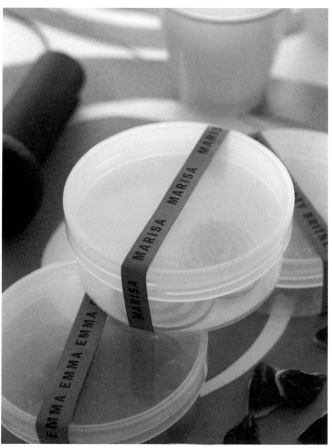

Rugido de la selva

Torta en forma de león

Tiempo de preparación: 1 hora 30 minutos
Tiempo de horneado: 50 a 60 minutos
Temperatura del horno: 180 °C

1 medida de mezcla básica para torta de
*   vainilla*
2 medidas de glaseado básico de crema
1 medida de mezcla básica para pastelitos
colorante de repostería amarillo, anaranjado,
*   negro y verde*

PARA DECORAR
dulces regaliz redondos de color anaranjado
dulces de regaliz cubiertos de dulce, color
*   amarillo y anaranjado*
tiras de regaliz
palitos pretzel
gomitas de color anaranjado y negro
100 g de chocolate color caramelo rallado

1 Torta: precaliente el horno. Prepare la mezcla y vierta en un molde engrasado y forrado de 25 cm. Hornee durante 50 a 60 minutos, o hasta que al introducir un probador de torta salga limpio. Retire la torta del horno y déjela enfriar antes de desmoldarla.

2 Glaseado: prepare el glaseado y vacíelo en tres recipientes: glaseado verde en uno y resérvelo para los pastelitos; en otro, ponga glaseado anaranjado fuerte. Tome una cuarta parte de glaseado del recipiente que queda y póngale color negro; al resto del glaseado póngale color amarillo fuerte.

Decoración

1 Coloque la torta sobre un cartón. Amplíe el modelo de la página 127, recórtelo y póngalo sobre la torta fijándolo con mondadientes. Con uno de estos marque todo el contorno del modelo.

2 Llene la parte del centro de la torta con glaseado amarillo.

3 Saque cuatro pastelitos de sus papeles. Cubra dos con glaseado anaranjado y pegue otro pastelito encima de cada uno. Colóquelos a los lados de la cara del león para formar las orejas. Cubra los pastelitos con glaseado anaranjado.

4 Pegue dos dulces de regaliz en la cara para los ojos y decórelos alrededor con glaseado negro. Decore la nariz, la boca, las cejas y las pecas con glaseado negro.

5 Pegue gomitas anaranjadas para separar los bordes del glaseado amarillo y anaranjado. Pegue tiras de regaliz en la cara para los bigotes.

6 Pegue regaliz cubierto de dulce encima y en los lados de la cara del león y gomitas en las orejas. Inserte palitos pretzel en todo el derredor de los bordes de la torta para simular la melena del león. Decore con glaseado anaranjado todo el borde del cartón de la torta. Esparza chocolate rallado en las áreas descubiertas del cartón.

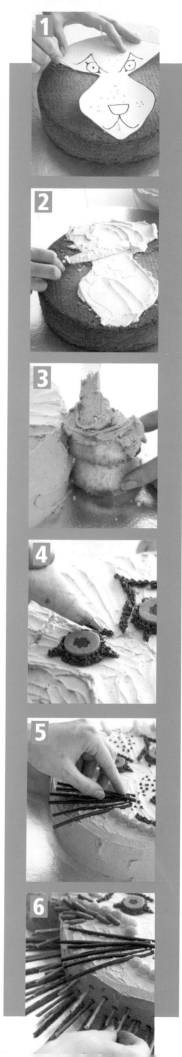

Decore la escena

Para producir un ambiente de jungla, cubra la mesa con papel crepé de gran tamaño y formas de hojas hechas con cartulina. Ponga papeles más pequeños y hojas de cartulina de varios matices de verde sobre esta base. Agregue algunas ranas de plástico así como numerosas culebras amarillas y anaranjadas hechas de cartulina. Cuelgue más hojas como decoración, globos y serpentinas encima y alrededor del salón, y ponga como trasfondo canciones de El Libro de la Selva.

La invitación

Para cada invitación recorte dos pequeñas hojas del trópico (basándose en el modelo de la página 127), de dos pliegos de cartulina verde, una ligeramente más grande que la otra (remítase a la sección *Para la mesa*). Corte una culebra pequeña en cartulina de color y dibújele los ojos; para la lengua, corte una tira pequeña, delgada y haga un corte poco profundo en un lado. Presione ligeramente los dos pedacitos aparte para que parezca una lengua bifurcada y péguela por el reverso de la cabeza. Escriba los detalles de la fiesta en una de las hojas y pegue las dos hojas con la culebra entre ellas.

Para la mesa

Para elaborar la base de hoja para la mesa, corte una media luna grande de cada empaque de papel crepé antes de desdoblarlo. Desdoble las hojas recortadas y colóquelas sobre la mesa cubriendo las puntas. Use diferentes matices de verde. Para las hojas del trópico, comience por cortar una hoja corriente en cartulina de color (amplíe el modelo de la página 127). Para los bordes dentados realice pequeños recortes alrededor de los bordes de la hoja, trabajando de un lado para el otro y variando la profundidad de los cortes, con el fin de darle un efecto más real.

Corte culebras en cartulina de colores vivos y dibuje manchas o líneas con un marcador negro. Corte las lenguas como se describió en *La invitación* y pegue en el reverso de las cabezas.

Decore los vasos con pequeñas culebras y recortes de hojas, y péguelas fuertemente.

Pasabocas de la selva

Cubra los pastelitos con el glaseado verde que sobró. Corte regaliz variado en rodajas y péguelo sobre los pastelitos. Colóquelos en línea curva sobre la mesa para que parezcan una culebra. Agregue una lengua de cartulina al frente del pastelito y simule dos ojos con dos rodajas de regaliz.

Para llevar a casa

Compre unos cilindros de cartón, de 7 cm de ancho (se usan para enviar documentos por correo), así como un número adicional de tapas de plástico para los extremos.

Corte los cilindros de 17 cm de largo con un cortador. Para la manija, corte una pequeña cruz de 1,5 cm de largo, justo debajo del borde de la parte superior del cilindro, en lados opuestos. Pase las puntas de un cordón de rafia de 40 cm de largo, a través de los cortes de adentro del cilindro. Amarre las puntas del cordón con un nudo doble y arréglelas. Decore la parte externa pegándole hojas tropicales. Agregue el rótulo con el nombre en una hoja y llene el cilindro con papel crepé picado y dulces.

Otra idea

Cuelgue ramos de palma por encima del pasillo de la puerta de entrada para que los invitados pasen por debajo cuando entren en la fiesta de la selva.

HAY UN RUGIDO
EL 12 DE MAYO A LAS 5:00 P.M.
EN LA CASA DE ANDRÉS.
EN LA SELVA...

JAIRO

EMILIA

Con porte de estrella

Torta de Hollywood

Tiempo de preparación: 1½ horas
Tiempo de horneado: 35 a 45 minutos
Temperatura del horno: 180 °C

1 medida de mezcla básica para torta de
*   vainilla*
1½ medidas de glaseado básico de crema
colorante de repostería rojo y negro

PARA DECORAR
gomitas rojas, rosadas, amarillas y negras
perlas doradas y plateadas
cartulina
papel plateado o papel de aluminio

1 Torta: precaliente el horno. Prepare la mezcla y viértala en un molde cuadrado, engrasado y forrado de 30 cm. Hornee durante 35 a 45 minutos o hasta que al introducir un probador de torta salga limpio. Retire la torta del horno y deje enfriar antes de desmoldarla.

2 Glaseado: prepare el glaseado. Póngale color rojo a una tercera parte y negro a las dos restantes.

Decoración

1 Coloque la torta sobre un cartón. Corte una estrella grande en papel o cartulina, póngala sobre la torta y marque el contorno con un mondadientes.

2 Rellene la estrella con glaseado rojo.

3 Esparza glaseado negro en el resto de la torta. Pegue gomitas rojas y rosadas en los bordes y centro de la estrella.

4 Pegue gomitas rojas, rosadas y negras alrededor de la base de la torta. Decore con glaseado rojo la línea entre las puntas de la estrella.

5 Esparza perlas doradas y plateadas en las partes negras de la torta y presiónelas.

6 Recorte un círculo de cartulina y cúbralo con papel plateado. Péguelo en el centro de la torta. Ponga gomitas amarillas alrededor del círculo. Escriba en el círculo el nombre del cumpleañero con glaseado negro. Si el nombre es muy largo escríbalo con marcador negro. Decore el borde interior del círculo con glaseado negro y el borde del cartón de la torta con glaseado rojo.

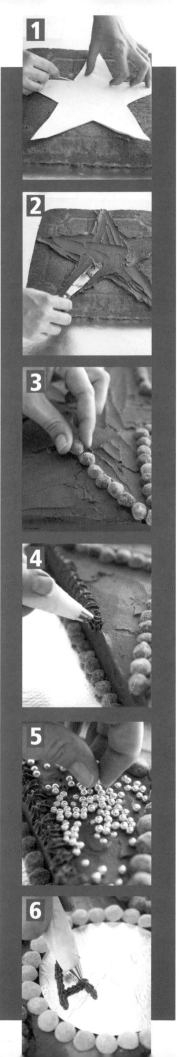

Decore la escena

Cantidades de estrellas, confetis y manjares exquisitos se combinan para crear una fiesta pomposa y glamorosa al estilo de Hollywood. Para comenzar, extienda la alfombra roja y anuncie la entrada de las "estrellas de Hollywood" cuando lleguen. Contrate a un fotógrafo de "prensa" para que les tome fotos a las celebridades invitadas y puedan enviárselas después; ponga la música favorita para que bailen.

La invitación

Con anticipación al evento, cree una invitación al estilo de las estrellas.

En una tarjeta, imprima o escriba "Eres rico(a), eres famoso(a), eres una ESTRELLA" y agregue los detalles de la fiesta mencionando que es con vestido de etiqueta de estrella de Hollywood. Recorte y pegue en un papel satinado plateado o dorado y agregue una estrella brillante. Métala en un sobre plateado o dorado y selle con un autoadhesivo plateado.

Para la mesa

Decore todo el salón si es posible y ponga en penúmbra el recinto; cuelgue bombas y serpentinas rosadas y doradas. Coloque tiras de color rosado oscuro sobre las mesas (usted puede usar turquesa o negro para los niños), y esparza estrellas y decoraciones brillantes sobre estas. Ponga la comida sobre la mesa; para las bebidas elegantes, consiga copas plásticas de flauta para champaña.

Imprima o escriba los nombres de todos los invitados en tarjetas rectangulares de color, para colocarlos sobre las mesas. Dóblelas por la mitad de modo que puedan sostenerse derechas y decore con un punto plateado o con escarcha.

Trufas exquisitas

Parta 200 g de chocolate de repostería y agregue 50 g de margarina; derrítalo en el horno microondas con calor medio, revolviendo cada 30 segundos. Deje enfriar ligeramente. Viértale una caja pequeña de crema. Adicione 250 g de migas de torta o galletas de mantequilla picadas. Cubra y deje enfriar por una hora. Haga pequeñas bolas e impregne cada una en azúcar en polvo, cocoa en polvo o en nueces finamente picadas. Métalas en canasticas rizadas plateadas.

Para llevar a casa

Los glamorosos invitados merecen sorpresas de fiestas glamorosas. Decore cajas de tapa negra con cabello de ángel plateado y estrellas cubiertas de escarcha. Forre el interior con papel de seda de color dorado o plateado y agregue una nota de agradecimiento en una pequeña bolsa de celofán con unas pocas trufas adicionales. Deje espacio para una copa de champaña, porque cada invitado puede guardar la suya como recuerdo especial.

Más ideas

Acomode las trufas entre puñados de cabello de ángel plateados para darles una linda apariencia.

Mezcle ponches y cocteles sin contenido de alcohol para bebidas de fiesta.

Como una opción a las cajas, utilice bolsas de papel negro satinado y reemplace las manijas por cinta ancha de raso.

Eres rico.
Eres famoso.

...

Eres una
ESTRELLA

.

Únete a Ana Vargas cuándo
camine por el Pasillo de la fama
en su cumpleaños 13 el 23 de
julio en el Club El Puente a las
4:30 p. m.

Por favor llega como tu estrella
favorita

Lina López

Gabriela Leal

¡Vámonos de campamento!

Torta 4 x 4

Tiempo de preparación: 2 horas
Tiempo de horneado: 35 a 45 minutos
Temperatura del horno: 180 °C

1 medida de mezcla básica para torta molde
  de chocolate
1½ medidas de glaseado básico de crema
colorante de repostería azul, negro y verde

PARA DECORAR
gomitas con sabor a mora
regaliz recubierto de dulce
2 dulces amarillos redondos
tiras de regaliz
regaliz retorcido
2 galletas wafer de vainilla
1 gomita rosada
5 pequeñas rosquillas rellenas de mermelada
5 dulces redondos de color café
coco deshidratado con colorante verde

1 Torta: hornee la torta y déjela enfriar; luego desmóldela y retírele el papel. Recorte la parte de encima para dejar la torta lisa.

2 Glaseado: prepare el glaseado y ponga color azul a la mitad. Divida la otra mitad en tres partes: negro en una, verde en otra y la última parte déjela blanca.

Decoración

1 Corte una parte de la torta de un poco más de tamaño de la mitad. Corte un pedazo del lado más pequeño haciendo un ligero ángulo. Coloque el pedazo más pequeño encima de toda la torta. (Utilice el pedazo restante de la torta para un postre o para darles a probar a los niños que lo pidan).

2 Marque un área rectangular en ambos lados de la parte superior de la torta para formar las ventanas. Cubra el resto de la torta con glaseado azul, dejando abierta la parte de atrás del pedazo de encima, para hacer la ventana trasera. Rellene las ventanas con glaseado blanco.

3 Pegue las gomitas negras y el regaliz recubierto de dulce alrededor de la parte de encima y a los lados de la torta. Utilice los mismos dulces para marcar el espacio donde quedarán las puertas, en las partes laterales de la torta.

4 Simule las farolas del carro con dos dulces amarillos y ponga una tira de regaliz alrededor. Pegue un regaliz retorcido en la parte de abajo, en el frente y atrás del carro, para simular los parachoques. Ponga otro pedazo de regaliz retorcido debajo de la ventana de atrás del carro.

5 Recorte dos círculos de galletas wafer y haga las caras. Llene una manga pastelera con boquilla fina, con glaseado negro. Decore el pelo y la barba si prefiere. Corte un pedazo de gomita rosada y péguela con glaseado blanco en la cara para simular la boca. Pegue las caras sobre la torta, en las ventanas del frente y laterales. Utilice glaseado negro para decorar los sombreros y las camisas de hombre.

6 Corte las rosquillas por la mitad y pegue los pedazos que tienen hueco a los lados de la torta para las ruedas. Pegue otra atrás para la rueda de repuesto. Ponga dulces redondos en el centro de las ruedas. Decore con glaseado verde todo el borde del cartón de la torta y cubra el resto del cartón con coco deshidratado de color verde.

Decore la escena

Comience la fiesta de aventura con una mesa divertida. Decórela con la torta 4 x 4 y un paisaje rocoso y fangoso. Hágalo fácilmente: ponga recortes de papel crepé y ramitas de plantas en baldes pequeñitos y llénelos con sal gruesa; además disponga implementos esenciales para el asado hechos a la medida. Organice actividades de aventura en un sitio al aire libre, o en una granja si es posible, y finalice el día con diversión y comida alrededor de una fogata.

La invitación

Imprima o escriba los detalles en una tarjeta blanca. Pegue la tarjeta a una ramita y ponga un masmelo en una punta. Agregue una lista de cosas para empacar, como un saco de dormir (sleeping), ropa limpia, una linterna, un cepillo de dientes y demás artículos de aseo.

La mesa

Corte tiras de papel crepé en zigzag para decoraciones rápidas y fáciles. Meta en baldes ramitas y sal gruesa para que el área de la fiesta parezca un sitio agreste al aire libre. Ponga pequeños montones de nueces saladas en la mesa para que parezcan sitios rocosos y agregue vasos, platos y cubiertos azules o verdes para completar la apariencia campestre. También puede elaborar rótulos para marcar botellitas de agua o de jugo que armonicen con el motivo.

Perros calientes de fogata

Cocine pequeñas salchichas de cerdo o de pollo. Si no quiere encender una fogata, fríalas hasta que doren. Prepare una sabrosa salsa de tomate calentando 50 ml de margarina en una sartén; añada dos cebollas picadas y fría por dos minutos hasta que se ablanden. Agregue tomates picados (dos tarros) y 5 ml de una mezcla de hierbas deshidratadas y ponga a cocinar. Reduzca el calor y deje hervir a fuego lento, sin tapar, durante 10 minutos, hasta que la salsa espese ligeramente. Si los niños son un tanto mayores, déjelos que ayuden a revolver la salsa.

Corte los panes de perros calientes por la mitad y espárzales margarina suave. Ponga una cucharada de salsa en cada uno. Agréguele dos o tres salchichas a cada pan y sirva.

Variación: Cambie un tarro de tomates por uno de fríjoles cocidos.

Para llevar a casa

Entréguele a cada invitado un juego de implementos de asado para las actividades al atardecer. Coleccione tarros de conserva grandes y desocupados, y elabore una manija de alambre para cada tarro. Haga los huecos con un pequeño martillo y un clavo. Forre con papel de seda y agregue un pequeño paquete de masmelos con algunos palos de pincho (para asarlos más tarde), un atado de madera (para aprender cómo se hace fuego) y algunos dulces para obtener energías. Pegue un letrero de color vistoso alrededor del tarro y ponga en la manija una etiqueta con el nombre de cada uno.

Más ideas

Si no le es posible hacer un asado o actividades campestres al aire libre, llene el tarro con una botella de jugo, dulces y un regalo de aventura, como un llavero multiusos o una linterna miniatura.

Los pasabocas pueden incluir masa de pan trenzado en forma de barra, ensartado en un palo y asado al el fuego, porciones de papas asadas con fríjoles y queso, mazorcas a la brasa, pinchos de pollo y pimentón rojo o hasta un cocido en leña.

Estás invitado a reunirte con Ramón para una noche de aventuras el 10 de octubre desde las 4:00 p. m., en frente de la puerta del Club Campestre. Por favor empacar un saco de dormir (sleeping), una linterna y ropa para el día siguiente.

Agua

Esenciales para la fogata

Fantasía de hada

Torta en forma de hada

Tiempo de preparación: 2 horas
Tiempo de horneado: 1 hora
Temperatura del horno: 170 °C

1½ medidas de mezcla básica para torta de vainilla
1½ medidas de glaseado básico de crema
colorante de repostería azul, rosado y verde

PARA DECORAR
1 muñeca
dulces morados o flores de azúcar moradas (se consiguen en las tiendas de repostería)
maní recubierto de dulce de color verde claro
perlas plateadas
1 pedazo de cartulina o plástico resistente (se consigue en las tiendas de manualidades)
pegante
escarcha plateada
una pistola de silicona

1 Torta: precaliente el horno. Prepare la mezcla para torta y divídala en dos refractarias redondas, una de 25 cm y otra de 15 cm. Hornee durante 25 minutos. Verifique si la torta más pequeña ya está bien cocida. Cuando esté lista, retire del horno y deje enfriar. Hornee la torta grande durante otros 30 a 40 minutos hasta que quede bien cocida. Retire del horno y deje enfriar completamente.

2 Glaseado: prepare el glaseado y divida por la mitad. Agregue colorante de repostería azul y rosado a una mitad, para obtener un color lila. A la otra mitad agréguele un poquito de colorante verde para obtener el verde pálido.

Decoración

1 Corte un pequeño redondel en el centro de las dos tortas para insertar la muñeca parada. Profundice los huecos y guarde los pedazos de torta que haya retirado. Ponga la torta pequeña encima de la grande y colóquelas sobre un cartón para torta. Ajuste bien la muñeca en el hueco y rellene con los pedazos de torta reservada alrededor de la muñeca para sostenerla derecha.

2 Cubra toda la torta con glaseado lila.

3 Llene con glaseado verde pálido una manga pastelera con boquilla en estrella y decore toda la parte superior de la muñeca para hacer el corpiño. Decore con puntos haciendo óvalos alargados sobre el vestido.

4 Pegue pequeñas flores moradas en el frente del corpiño y perlas plateadas alrededor de los bordes.

5 Decore con flores o dulces morados medianos, dentro de las puntas del diseño de óvalos del vestido. Ponga dulces en todo el derredor de la base del vestido y pegue perlas plateadas encima de estos dulces.

6 Para las alas, amplíe el modelo de la página 125 y recórtelo en cartulina o plástico resistente. Corte un cuadrado de 5 cm y doble un pedazo de 1,5 cm de este sobre cada lado. Desdóblelo y pegue la parte interior de cada ala sobre uno de los pedazos de 1,5 cm, de modo que queden casi unidos. Aplique pegante en el borde de las alas y rocíe con escarcha. Una vez seco, pegue la sección de la mitad de las alas a la espalda de la muñeca con una pistola de silicona. Decore con glaseado morado el borde del cartón de la torta.

Decore la escena

Decore la mesa de hada con tonos suaves de azul, lila y verde. Esparza sobre la mesa estrellas brillantes, ponga la torta en el centro y agregue hongos pequeños (se consiguen en las floristerías). Coloque varitas con plumas, cajas de regalos y comidas al alcance de los invitados. Cuelgue globos y una guirnalda sobre la mesa para completar el tema.

La invitación

Esta también sirve como decoración para el salón. Utilice papel nacarado o tornasolado para un mejor efecto.

Compre sobres cuadrados grandes para las invitaciones y recorte un cuadrado de papel para introducir en el sobre. Sobre una superficie de trabajo, ponga el papel por el reverso y con lápiz dibuje suavemente una espiral grande, que cubra casi todo el papel. Recorte con cuidado a lo largo de las líneas para abrirla. Haga una pequeña cruz en el centro de la espiral con un cortador. Ponga la espiral hacia arriba y escriba los detalles de la fiesta con un esfero plateado. Corte cordón plateado de aproximadamente 30 cm y amarre una punta haciendo un lazo. Pase el cordón con cuidado a través de la cruz de arriba abajo y empújelo hasta que haya suficiente cordón y luego haga un lazo encima (cerca de 7 cm a 9 cm).

Amarre con nudo doble para sostener la espiral en su sitio. Enhebre unas cuantas pepitas en el cordón que sobre; haga un nudo después de cada una para que queden ligeramente espaciadas. Enhebre y amarre una pepa más grande en la punta del cordón y colóquelo de forma visible debajo de la espiral cuando se levante. Inserte una pluma en forma ascendente dentro de la pepa y agregue una gota de pegante para fijarla en su sitio.

Para la mesa

Sorprenda a cada invitado con su propia varita de hada.

Corte un palo de pincho de 6 mm de diámetro en segmentos de 30 cm y hágale una ranura de 5 mm de diámetro en la punta de un lado, con un cortador. Pinte el palo con pintura plateada y deje secar perfectamente. En una cartulina (o en cartón duro) trace y recorte una estrella (ver modelo de la página 124) para cada varita y pinte con color plateado. Para cada varita corte cinco tiras de 15 cm de cinta de raso. Pegue con cinta pegante de doble faz toda la parte de arriba de la varita y coloque la punta de cada cinta con el lado derecho hacia abajo, de modo que las puntas más largas queden encima. Ponga una tira de cinta pegante en las puntas para asegurar. Aplique unos puntos de pegante transparente sobre la cinta y presione encima pedacitos de pluma. Deje caer una gotica de pegante dentro de la ranura de encima de cada varita y presione con cuidado la estrella pintada para que quede en su sitio.

Galletas varita de hada

Bata 125 g de margarina y 105 g de azúcar hasta que se suavice la mezcla. Añada 5 ml de esencia de vainilla y 1 huevo grande y bata bien. Tamice 280 g de harina para torta, 30 g de harina de maíz y 5 ml de polvo de hornear. Revuelva la mezcla batiendo hasta formar una masa consistente. Extiéndala sobre una superficie ligeramente enharinada hasta que esté de 1 cm de gruesa. Utilice un cortador en estrella para recortar la masa. Pegue un palo de pincho en cada galleta y póngalas en latas de hornear engrasadas. Decore con muchas perlas plateadas. Hornee a 180 °C durante 10 a 15 minutos hasta que las galletas comiencen a dorarse en los bordes. Retire del horno y deje enfriar antes de desmoldarlas. Con el glaseado sobrante de la torta, decore el derredor de cada galleta.

Para llevar a casa

Forre pequeñas cajas en papel de seda y llene con un frasco de "polvos de hada" (polvos corporales escarchados), unos pocos dulces y un autoadhesivo de hada. Amarre toda la caja con una cinta o cordón, asegurando las puntas por debajo. Añada una pluma como decoración. Pegue brillantes sobre una pincita de madera y aplíquelos al cordón o a la cinta.

Estás invitada al Club Campestre para celebrar el 9 de septiembre a las 5

Estilo tropical

Torta en forma de isla

Tiempo de preparación: 1½ horas
Tiempo de horneado: 1 hora
Temperatura del horno: 170 °C

1½ medidas de mezcla básica para torta de
*   vainilla*
1½ medidas de glaseado básico de crema
colorante de repostería azul, amarillo, café y
*   rosado*

PARA DECORAR
galletas wafer verdes
3 dedos de chocolate o barquillos recubiertos
*   de chocolate*
dulces en forma de bananos
mondadientes
gomas en forma de animales marinos
*   (pescados, estrellas de mar, caballitos de mar,*
*   tortugas)*
botones de chocolate
50 ml de coco deshidratado de color verde
gomas en forma de bebé
sombrilla de coctel

1 Torta: precaliente el horno. Prepare la mezcla de la torta y vierta en un recipiente engrasado, de acero inoxidable o refractaria de vidrio. Hornee aproximadamente una hora o hasta que se haya cocinado bien. Retire del horno y deje enfriar completamente antes de desmoldarla.

2 Glaseado: prepare el glaseado. Ponga colorante azul a la mitad. Vierta una cucharada del glaseado restante en tres recipientes pequeños: en uno color café, en otro rosado y deje el otro de color blanco. Ponga color amarillo al glaseado sobrante, y un toque de color café para obtener un amarillo pálido que parezca arena.

Decoración

1 Ponga hacia abajo la parte de arriba de la torta y colóquela en un cartón. Cubra toda la torta con glaseado color arena.

2 Utilice glaseado azul para formar el mar alrededor de la base de la torta. Esparza el glaseado restante sobre el cartón de la torta. Emplee el recipiente pequeño de glaseado blanco para hacer parches sobre el glaseado azul, para que parezcan olas.

3 Corte las galletas wafer con un cuchillo de sierra para formar hojas de palma. Fije con mondadientes tres hojas en cada dedo de chocolate. También puede fijarlos al árbol con dulces en forma de banano utilizando un mondadientes.

4 Haga tres huecos pequeños en un lado de la torta y fije cada árbol de palma dentro de la torta.

5 Ponga gomas de animales marinos en el glaseado azul para que se vea como si estuvieran nadando en el mar.

6 Emplee el glaseado café para pegar botones de chocolate a la palma que parezcan cocos. Rocíe el coco verde en la base de cada palma. Meta el glaseado rosado en una manga pastelera con una boquilla pequeña y fina, y decore biquinis o vestidos de baño sobre las gomas en forma de bebé. Póngalos sobre la isla y cúbralos con una sombrilla de coctel.

Decore la escena

Ponga música de las islas —el Calipso es apropiado— y decore el lugar de la fiesta y la mesa con globos, serpentinas y ramos de flores. Coloque la torta en la mitad de la mesa y agregue platos, vasos y servilletas de colores vistosos. Tenga listo ponche para cuando lleguen los invitados y planee actividades como buceo si tiene piscina, para mantener entretenidos a los habitantes de la isla.

La invitación

Obséquieles a los convidados invitaciones estilo tarjetas postales de colores alegres. Amplíe y copie el modelo de la página 127 sobre una cartulina de color y escriba los detalles de la fiesta. Recorte con cuidado la tarjeta y péguela sobre un rectángulo de cartulina de color un poco más grande. Pegue una flor tropical y decórela con pegante plateado o un bolígrafo de pegante brillante. Agregue un motivo de islas como una palma, una tabla de surf o una escena bajo el mar en el otro lado de la tarjeta. Entregue así o métala en un sobre.

Para la mesa
Guirnaldas

Esparza flores de papel de seda retorcido alrededor de la torta, en la mesa y el sitio de la fiesta para darle un colorido adicional. También puede sujetarlas al pelo de las niñas pequeñas utilizando ganchos para el cabello. Para elaborarlas, haga cuadrados de 12 cm en papel de seda de diferentes colores para poner encima de cada una. Haga ligeros pliegues en el centro y retuerza para crear la forma de la flor.

Los ramos de flores de colores estilo tropical son apropiados para utilizar como decoración de los collares. Para esto compre flores baratas de plástico (cuanto más sencillas mejor) en colores vistosos. Quite las flores de los peciolos y retire los estambres. Enhebre una tira de cinta de papel en una aguja grande y ensarte las flores en esta, variando los colores. Corte la cinta según lo que esté haciendo: corta para los collares y larga para las decoraciones.

Hamburguesas hawaianas

Caliente 15 ml de margarina en una sartén y fría por ambos lados pescado apanado o hamburguesas de pollo, hasta que queden crujientes y doradas.

Esparza margarina sobre los panecitos redondos y agregue una tajada de tomate o rodajas de piña enlatada a los dos tipos de hamburguesas. Agregue un toque divertido: inserte a través de cada hamburguesa una sombrilla de coctel. Ponga otros ingredientes a su elección sobre la hamburguesa. Ensaye queso rallado, lechuga en trocitos, pepino cohombro en rodajas y salsa tártara.

Para llevar a casa

Llene bolsas de celofán transparente o bolsas con cierre hermético con dulces y frutas tropicales. Tuerza y amarre la parte de arriba con una cinta de papel de colores y agregue una pequeña flor tropical de papel.

Más ideas

Enmarque el pasillo de la entrada con hojas de palma o grandes ramos de flores de papel para que los invitados se abran paso cuando lleguen.

Esparza conchas y animales marinos de plástico en la piscina para que los chicos los vean cuando buceen.

en su isla, el 6 de
octubre en el Club
Náutico de Hugo
10:00 desde las
¡Traer vestido de
baño y gafas!

Los bigotes del gato

Torta de gatico

Tiempo de preparación: 2 horas
Tiempo de horneado: 35 minutos
Temperatura del horno: 180 °C

1 medida de mezcla básica para torta de vainilla
1½ medidas de glaseado básico de crema
colorante de repostería amarillo y anaranjado

PARA DECORAR
1 dulce negro redondo cubierto de azúcar
tiras de regaliz
gomas en forma de gragea de color anaranjado (u otros dulces pequeños)
chicle en forma de cinta
coco deshidratado con colorante verde de repostería

1 Torta: precaliente el horno. Prepare la mezcla de la torta y vierta en un molde engrasado y forrado de 25 cm x 35 cm. Hornee durante 30 a 35 minutos o hasta que al introducir un probador de torta salga limpio. Retire del horno y deje enfriar completamente.

2 Glaseado: prepare el glaseado y ponga color amarillo fuerte a la mitad. Al glaseado restante aplíquele color anaranjado fuerte.

Decoración

1 Corte una franja vertical de 5 cm de la torta. Corte un pedazo de 9 cm del final de la torta. Corte las dos esquinas para formar un semicírculo. Esta será la cabeza del gato. Corte una hendidura en forma de V en el centro de una punta del pedazo largo de la torta. Arregle los bordes para formar las patas del gato. Recorte dos triángulos pequeños de 5 cm de la torta para hacer las orejas del gato. Use el pedazo restante para elaborar la cola. Reúna los pedazos en un cartón para torta. Ponga el pedazo liso más largo de la torta en el cartón. Ponga la cabeza derecha con el lado liso justo encima de la hendidura, de modo que quede en el extremo del pedazo más grande de la torta. Utilice mondadientes para sostener, a los lados de la cabeza, los dos pedazos que forman las orejas. Ponga el pedazo de la cola en la parte trasera de la torta.

2 Cubra toda la torta con glaseado amarillo.

3 Utilice una manga pastelera con una boquilla pequeña lisa y llene con glaseado anaranjado. Marque rayas sobre la cara del gato y decore con un triángulo cada oreja. Pegue el dulce negro en el centro de la cara para la nariz. Utilice tiras de regaliz para los ojos, la boca y los bigotes.

4 Decore el borde del gato con gomas en forma de gragea de color anaranjado. Pegue gomas amarillas en los bordes y en la parte de atrás de la torta.

5 Decore con unas rayas anaranjadas las patas y el cuerpo del gato.

6 Haga un lazo con la cinta de chicle y póngalo a un lado de la cara del gato. Decore todo el borde del cartón de la torta con glaseado amarillo. Cubra el cartón de la torta con el coco.

Decore la escena

Arregle el jardín para el gatico anaranjado. Cubra la mesa de la fiesta con un mantel de diseño de lunares y agregue césped artificial, platos con imitación de comida para gatos (con las marcas) y las sorpresas de gatico favoritas, incluyendo quiche de atún y ratoncitos de masmelo. Cuelgue globos de color amarillo y anaranjado sobre la mesa, y organice actividades como "Póngale la cola al gato".

La invitación

Amplíe, dibuje o fotocopie la cara del gatico (ver modelo en la página 127) en cartulina blanca. Recorte y péguela sobre un pedazo de cartulina amarilla o anaranjada. Corte la cartulina dejando un ribete de color en todo el derredor. Escriba o imprima y pegue los detalles de la fiesta en el reverso. En el sobre, pegue ojos encima y pídales a los invitados que coloreen la cara del gatico y lo traigan a la fiesta para hacer un concurso de coloreado.

Para la mesa

Unos colores alegres y montoncitos de césped dan un toque de buen humor a la decoración. Para elaborar un mantel similar, pinte círculos desiguales sobre una tela amarilla pálida con pintura anaranjada, deje secar y planche por el revés para fijar la pintura.

Quiche de atún

Mezcle 140 g de harina para torta, 250 ml de queso Cheddar rallado y 125 g de margarina en un procesador de alimentos. Oprima la masa en un molde engrasado para quiche o emplee varios moldes pequeños. Pinche las bases con un tenedor y cubra con plástico transparente. Refrigere durante 20 minutos. Para el relleno, escurra el agua de una lata de atún; bata 350 ml de leche, 3 huevos grandes y 15 ml de jugo de limón con un tenedor. Añada el atún escurrido, 20 ml de cebollín fresco, cortado en pedacitos o perejil picado y sazón para darle sabor. Vierta el relleno en las conchas preparadas. Esparza queso rallado Cheddar y hornee a 160 °C durante 35 a 45 minutos hasta que quede consistente y se dore. Retire del horno y deje enfriar ligeramente. Afloje los bordes con cuidado con un cuchillo afilado y retire de los moldes. Sirva frío o caliente.

Para llevar a casa

Meta algunos dulces, recordatorios con motivos de gaticos y tiras de papel de seda en una pequeña bolsa de papel, doble la parte de arriba y asegure con cinta pegante de doble faz. Pegue una franja larga angosta de papel que cubra la parte de arriba y los dos lados de la bolsa y pegue un rótulo en el frente. Coloque sobre la mesa todas las bolsitas en un canasto para gato y alístelas para el final de la fiesta a fin de que los invitados las lleven a casa.

Más ideas

En una pared, cerca del salón de la fiesta, fije las invitaciones que los niños han coloreado y entregue premios a la mejor combinación de colores, al mejor nombre, al dibujo más original, etcétera.

Organice el concurso "Conozca a su gato" con preguntas tontas como cuál es el alimento favorito de su gatico (pescado) y qué no le gusta verdaderamente (agua). Agregue movimientos o poses de gato para que los niños hagan mímica.

Con una plantilla, marque huellas de patas de gatico sobre el mantel.

Haga platos personalizados pegando un letrero redondo con el nombre del invitado en cada plato.

Estás invitado a la celebración
de cumpleaños de Margarita.

Fecha: 16 de noviembre
Lugar: número 14 de Los Rosales
Hora: de 2 p.m. a 4 p.m.

Por favor confirma tu asistencia y trae tu regalo.

Jonás

Jonás

Lucía

Platos para adultos

Rollitos de jamón y queso parmesano

Para 1 hornada
Tiempo de horneado: 10 a 20 minutos
Temperatura del horno: 200 °C

1 paquete de pasta de hojaldre lista
50 g de margarina derretida
25 ml de mostaza Dijon
100 ml de queso parmesano rallado
8 tajadas de jamón ahumado
5 ml de mejorana deshidratada (opcional)

1 Precaliente el horno. Extienda la pasta de hojaldre sobre una superficie lisa y espárzale una mezcla de margarina y mostaza.
2 Rocíe queso parmesano, ponga encima tajadas de jamón ahumado para cubrir la lámina de hojaldre y rocíe mejorana por encima.
3 Enrolle la pasta de modo que quede un poco suelta.
4 Corte en tajadas de 1,5 cm y colóquelas en una lata engrasada de hornear.
5 Hornee hasta que que dore.

Alitas de pollo picantes y pegajosas

Para 1 hornada
Tiempo de horneado: 45 minutos
Temperatura del horno 180 °C

1,5 kg de alas de pollo
5 ml de ajo triturado
pizca de sal
1 cucharadita de pimienta negra
15 ml de margarina
60 ml de salsa de soya
60 ml de salsa de chiles
30 ml de miel

15 ml de vinagre blanco
10 ml de jengibre rallado
15 ml de azúcar morena

1 Precaliente el horno. Retire y descarte las puntas de las alas.
2 Mezcle los ingredientes restantes.
3 Agregue las alas de pollo y revuelva hasta que queden bien cubiertas en la salsa. Deje marinar durante cuatro horas o toda la noche.
4 Coloque los pedazos de pollo sobre una bandeja de hornear y hornee marinando regularmente, hasta que se cocinen bien.

a la derecha: alitas de pollo picantes y pegajosas

Pan de queso con pesto

Para 1 hornada
Tiempo de horneado: 20 minutos
Temperatura del horno: 180 °C

60 g de margarina
45 ml de pesto de albahaca listo
1 barra de pan francés
125 g de queso mozarela rallado

1 Precaliente el horno. Mezcle la margarina y el pesto.
2 Taje el pan francés de 2 cm de grueso, dejando la base intacta. Extienda la mezcla del pesto generosamente entre las tajadas y rocíe cada una con queso rallado.
3 Envuelva la barra en papel aluminio y hornee. Retire el papel aluminio y coloque la hornada en la parrilla por un par de minutos para tostarla.

Opciones

- Haga una mezcla de pesto de tomate deshidratado, 5 ml de ajo y 10 ml de hierbas picadas.
- Ponga 100 ml de aceitunas, 5 ml de romero fresco, cuatro rodajas de salami, 30 ml de margarina de untar y 10 ml de mostaza en un procesador de alimentos y revuelva hasta que se forme una pasta.

Pasabocas de pizza con salami

Para 16 minipizzas
Tiempo de horneado: 10 a 20 minutos
Temperatura del horno: 200 °C

1 rollo de pasta de hojaldre listo
50 ml de margarina líquida
125 ml de pasta de tomate
1 cebolla en rodajas
salami en rodajas
1 pimentón verde picado
1 puñado de aceitunas negras o verdes sin pepa
125 ml de queso Cheddar rallado
125 ml de queso mozarela rallado

1 Precaliente el horno. Con una brocha unte margarina líquida sobre la masa de hojaldre. Corte la masa en círculos o cuadrados y esparza un poquito de pasta de tomate en el centro de cada pedazo.
2 Cubra la masa con rodajas de cebolla roja, salami, pimentón verde y aceitunas.
3 Cubra con una mezcla de queso Cheddar rallado y queso mozarela.
4 Hornee hasta que la masa haya inflado y esté dorada. Sirva inmediatamente.

Opciones

Ensaye con tocino, aguacate y queso feta; pollo picante y rúgula; o tomate y albahaca, como otra alternativa para cubrir la masa.

Quiche de queso fácil

Para 1 quiche
Tiempo de horneado: 40 a 50 minutos
Temperatura del horno: 200 °C

2 bases de masa (canasticas) sin cocinar
500 ml de queso Chedar rallado
4 huevos
200 ml de crema
250 ml de leche
2 ml de sal
2 ml de pimienta blanca
2 ml de páprika

1 Precaliente el horno. Espolvoree queso equitativamente en la base de las dos canasticas.
2 En un recipiente grande mezcle los huevos, la crema y la leche. Sazone con sal, pimienta y páprika, y vierta en las canasticas.
3 Hornee hasta que el relleno esté listo y la masa se dore.
4 Deje enfriar 10 minutos antes de servir.

Opciones
Quiche de calabacín, queso feta y tomillo
1 Fría media cebolla y 250 ml de calabacín en cubos, en 15 ml de margarina líquida hasta que se ablanden.
2 Agregue dos ramitas de tomillo y 60 g de trozos de queso feta y coloque en la base de la canastica de hojaldre.
3 Rocíe media taza de queso Cheddar sobre el calabacín.
4 Vierta en el relleno y hornee según las instrucciones anteriores.

Quiche de tocino y queso azul
1 Fría una cebolla y 125 g de tocino en 15 ml en margarina hasta que se tosten.
2 Extienda la mezcla en la base de la canastica de hojaldre y rocíe por encima 100 g de queso azul desmenuzado.
3 Rocíe una taza de queso Cheddar rallado sobre la mezcla del tocino, vierta en el relleno y hornee según las instrucciones dadas.

abajo, a la izquierda: pasabocas de pizza con salami
abajo, a la derecha: quiche de queso fácil

Muffins sencillos

Para 12 muffins
Tiempo de horneado: 20 a 25 minutos
Temperatura del horno: 200 °C

625 ml de harina con levadura
65 ml de azúcar extrafina
5 ml de polvo de hornear
2 huevos ligeramente batidos
375 ml de leche
160 g de margarina derretida

1 Precaliente el horno. Engrase un molde de muffin con un poco de margarina.
2 Tamice la harina, el azúcar y el polvo de hornear en un recipiente y haga un hoyo en el centro.
3 Mezcle los huevos, la leche y la margarina derretida y vierta esta mezcla en los ingredientes secos tamizados. Revuelva poco a poco hasta que la mezcla esté húmeda (la mezcla deberá estar todavía grumosa). No bata en exceso.
4 Ponga la mezcla en el molde de muffin preparado y llene solo tres cuartas partes. Hornee hasta que se dore. Traslade los muffins suavemente a una rejilla de repostería.

Opciones

Muffins de naranja con chispitas de chocolate
Agréguele a la mezcla 100 g de chispitas de chocolate y la cáscara de una naranja rallada.

Muffins de chocolate
Agrégueles 30 ml de cocoa en polvo a los ingredientes secos y por último revuelva en 50 g de chocolate blanco en chispitas.

Muffins de torta de queso de fresa
Llene los moldes de muffins con la mezcla hasta la mitad. Ponga un cubo de queso crema en el centro de la mezcla, cubra con 3 ml de mermelada de fresa y con una cuchara agregue la mezcla restante en el molde del muffin hasta llenar tres cuartas partes de este.

Muffins de limón y semillas de amapola
Agregue 45 ml de semillas de amapola, 10 ml de jugo de limón y la cáscara de un limón rallada.

Muffins de tocino, queso y cebolleta

Para 12 muffins
Tiempo de horneado: 15 minutos
Temperatura del horno: 200 °C

450 ml de harina con levadura
una pizca de sal y pimienta
5 ml de polvo de hornear
250 ml de queso Cheddar, rallado
60 g de margarina
5 lonjas de tocino finamente picadas
3 ml de ajo machacado
1 huevo ligeramente batido
250 ml de leche
3 cebolletas en rodajas

1 Precaliente el horno. Engrase un molde de muffin de 12 huecos.
2 En un recipiente, tamice harina, sal, pimienta y polvo de hornear. Agregue el queso rallado y revuelva hasta que se mezcle bien.
3 Derrita la margarina, fría el tocino y el ajo por dos a tres minutos. Agregue la mezcla a la harina y revuelva.
4 Mezcle el huevo, la leche y las cebolletas, y revuelva poco a poco en la mezcla de harina. No bata mucho (la mezcla debe estar grumosa).

5 Ponga la mezcla en los moldes hasta llenar tres cuartos y hornee hasta que doren.
6 Afloje con un cuchillo y páselos a una rejilla para que enfríen.

Variaciones

Muffins de queso feta y tomate deshidratado
Reemplace el tocino por 125 ml de tomates deshidratados y picados. Reduzca el queso a 125 ml y agregue 125 ml de queso feta desmenuzado.

Muffins de cilantro y chiles
Omita el tocino, aumente el queso a 125 ml y agregue dos chiles finamente picados y 30 ml de cilantro fresco picado.

Muffins de pizza
Agregue medio pimientón verde picado al freír y 15 ml de concentrado de tomate a la mezcla de leche y huevo.

a la derecha: muffin de chocolate y de torta de queso de fresa

arriba a la izquierda: Pan de molde de fresa
arriba a la derecha: pinchos deliciosos

Pan de molde de fresa

Para dos tortas de molde
Tiempo de horneado: 1 hora
Temperatura del horno: 180 °C

180 g de margarina
375 ml de azúcar
10 ml de esencia de vainilla
3 huevos
750 ml de harina
7,5 ml de polvo de hornear
7,5 ml de bicarbonato de soda
1 ml de sal
375 ml de crema agria
250 ml de mermelada de fresa
Azúcar para espolvorear

1 Precaliente el horno. Engrase y forre dos moldes rectangulares.
2 Revuelva la margarina y el azúcar hasta que quede una mezcla suave y cremosa.
3 Agregue la esencia de vainilla y los huevos uno por uno.
4 Agregue los ingredientes tamizados con la crema agria y vierta en los moldes rectangulares ya listos.
5 Cubra la mezcla con mermelada de fresa; para esto utilice el mango de una cuchara para darle vueltas a la mermelada en la mezcla.
6 Espolvoree con azúcar y hornee hasta que se dore.

Opciones

- Utilice 250 ml de mermelada de naranja en lugar de la de fresa.
- Agregue 100 g de cerezas partidas por la mitad a la mezcla y esparza coco sobre la torta.
- Emplee la mermelada del sabor que usted quiera. Mezcle mermelada de fruta, higo y albaricoque, todas son apropiadas.
- Agréguele a la mezcla nueces trituradas.

Pinchos deliciosos

Pinchos de camarones con ajonjolí

Para 6 a 8 pinchos

300 g de camarones, sin cabeza y limpios
125 g de margarina derretida
25 ml de jugo de limón
30 ml de cilantro fresco, finamente picado
pizca de salsa tabasco
5 ml de jengibre fresco molido
3 dientes de ajo machacados
sal y pimienta
semillas de ajonjolí

1 Combine los ingredientes para marinar en un recipiente de vidrio hasta que se mezclen bien. Agregue los camarones y déjelos marinar mínimo tres horas en el refrigerador.
2 Ensarte los camarones en pinchos de bambú y colóquelos sobre el asador o parrilla por 10 minutos hasta que se cocinen bien.
3 Rocíe generosamente semillas de ajonjolí, sazone con sal y pimienta para darle sabor y sirva con rodajas de limón.

Pinchos de legumbres asadas

Para: 6 a 8 pinchos

125 g de margarina derretida
30 ml de salsa Worcester
30 ml de jugo de limón
5 ml de pimienta de Cayena
1 cebolla roja, partida en cuatro
5 ml de jengibre fresco molido
2 dientes de ajo machacado
100 g calabacín pequeño, cortado en trozos
12 hojas de albahaca
125 g de champiñones pequeños
2 pimentones rojos, cortados en octavos
2 mazorcas, cortadas en pedazos de 2 cm

1 Combine los ingredientes para marinar en un recipiente de vidrio.
2 Ensarte los pedazos de legumbres en los pinchos intercalando una hoja de albahaca entre algunas legumbres.
3 En un plato rectangular, vierta los ingredientes marinados y cubra con papel plástico transparente. Refrigere al menos por dos horas.
4 Ponga los pinchos de legumbres en el asador o en la parrilla y deje cocinar por cerca de 20 minutos, bañando regularmente con la marinada restante, hasta que las verduras se cocinen bien.

Ponche de frutas con vino espumoso

500 ml de jugo de naranja fresco
500 ml de jugo de frutas del bosque
250 ml de jugo de manzana
250 ml de jugo de piña
200 ml de limonada
500 ml de vino espumoso
1 taza de fresas congeladas
1 manzana picada
1 naranja partida en rodajas
1 limón partido en rodajas

Vierta todos los jugos en un recipiente de vidrio grande y agregue las frutas preparadas. Refrigere mínimo cuatro horas. Meta un cucharón grande en el recipiente de vidrio y permita que los mismos invitados se sirvan.

Opción

Para una opción sin alcohol, reemplace el vino espumoso por 500 ml de agua con soda.

Cubos de hielo con menta

Meta dos o tres hojas de menta fresca en cada división de una cubeta para hielo. Llene la cubeta con agua y ponga a congelar. Estos cubos de hielo son refrescantes cuando se agregan a la limonada o a una bebida a base de alcohol.

Opción

Emplee rodajas de limón fresco en lugar de hojas de menta, llene las cubetas de hielo con agua de soda y congele.

Recetas básicas para tortas

Torta básica de vainilla

Tiempo de horneado: 30 a 45 minutos
Temperatura del horno: 190 °C

240 g de margarina
320 g de azúcar extrafina
15 ml de esencia de vainilla
4 huevos grandes
480 g de harina para torta
20 ml de polvo de hornear
2 ml de sal
250 ml de leche

1 Precaliente el horno. Bata la margarina con una batidora hasta que esté cremosa. Agregue el azúcar poco a poco. Siga batiendo hasta que esté cremosa. Agregue la esencia de vainilla y luego los huevos uno por uno y bata bien después de incorporar cada uno.
2 Tamice la harina, el polvo de hornear y la sal e incorpore a la mezcla del huevo, alternando con la leche.
3 Incorpore todos los ingredientes con cuidado para que queden bien mezclados. Vierta en un molde engrasado y forrado de 25 cm x 35 cm. Hornee durante 30 a 35 minutos o hasta que al introducir un probador de torta salga limpio. Retire del horno y deje enfriar por 10 minutos, luego desmolde y deje enfriar completamente sobre una rejilla de repostería.

Torta básica de chocolate

Tiempo de horneado: 35 a 40 minutos
Temperatura del horno: 180 °C

4 huevos grandes
200 g de azúcar
210 g de harina para torta
50 ml de cocoa en polvo
2 ml de sal
15 ml de polvo de hornear

125 ml de agua hirviendo
125 ml de margarina derretida

1 Precaliente el horno. Bata los huevos y el azúcar con una batidora hasta que quede una mezcla cremosa.
2 Tamice todos los ingredientes secos e incorpórelos a una mezcla de huevos con margarina derretida y agua hirviendo. Mezcle y vierta en dos moldes redondos de 20 cm, engrasados y forrados.
3 Hornee durante 35 a 40 minutos o hasta que al introducir un probador de torta salga limpio. Retire del horno y deje enfriar en el molde.

Torta molde de chocolate

Para 2 barras de 22 cm
Tiempo de horneado: 1 hora
Temperatura del horno: 160 °C

250 g de margarina
220 g de azúcar extrafina
4 huevos grandes
500 g de harina para torta
60 g de cocoa en polvo
20 ml de polvo de hornear
500 ml de leche

1 Engrase y forre moldes de 22 cm x 11 cm. Bata la margarina y el azúcar con una batidora hasta que quede cremoso. Agregue los huevos y bata bien.
2 Tamice la harina, la cocoa en polvo y el polvo de hornear e incorpore en la mezcla alternando con la leche. Vierta en los moldes y hornee durante una hora o hasta que al introducir un probador de torta salga limpio.

Pan de jengibre

Para una bandeja de 44 cm x 30 cm de pan de jengibre
Tiempo de preparación: 20 minutos
Tiempo de horneado: 35 a 45 minutos
Temperatura del horno: 160 °C

720 g de harina para torta
12 ml de polvo de hornear
5 ml de jengibre molido
10 ml de canela en polvo
5 ml de condimentos mezclados y molidos
250 g de almíbar de miel de caña
400 g de azúcar
60 g de margarina
60 ml de jugo de limón
1 huevo grande

1 Precaliente el horno. Tamice la harina, el polvo de hornear y los condimentos.

2 En una sartén caliente ponga almíbar, azúcar y margarina, revuelva hasta que se disuelva bien el azúcar. Retire del calor, vierta en el jugo de limón y deje enfriar.

3 Vierta una tercera parte de los ingredientes secos en la mezcla del almíbar. Agregue el huevo y revuelva con los ingredientes restantes para obtener una masa consistente.

4 Amase en una superficie ligeramente enharinada hasta que esté suave y manejable. Meta dentro del molde de hornear engrasado y presione la superficie hacia abajo para aplanarlo lo más posible. Hornee durante 35 a 45 minutos hasta que se dore y quede bien cocinado. Retire del horno y deje enfriar unos pocos minutos, luego recorte las formas estando la torta todavía caliente.

Pastelitos básicos

Para 12 moldes de pastelitos
Tiempo de preparación: 20 minutos
Tiempo de horneado: 12 a 15 minutos
Temperatura del horno: 200 °C

125 g de margarina
170 g de azúcar extrafina
5 ml de esencia de vainilla
2 huevos grandes
280 g de harina con levadura
200 ml de leche

1 Precaliente el horno. Bata la margarina y el azúcar extrafina en una batidora hasta que quede una mezcla cremosa.

2 Agregue los huevos uno por uno, batiendo después de cada adición. Agregue la esencia de vainilla y bata bien la mezcla.

3 Incorpore en la harina con levadura, alternando con la leche.

4 Vierta en moldes para pastelitos que han sido forrados con papel. Hornee durante 12 a 15 minutos hasta que se doren y se cocinen bien. Retire de los moldes y deje enfriar en rejillas.

Recetas básicas para glaseados

Glaseado básico de crema

Para 1 hornada

150 g de margarina suave
375 g de azúcar para glaseado tamizada
35 a 40 ml de leche

1 Bata la margarina hasta que quede suave.
2 Incorpore el azúcar para glaseado.
3 Agregue leche poco a poco. Agregue bastante leche para que tenga una consistencia manejable. Bata bien con la batidora hasta que quede esponjosa y cremosa.
4 Cubra el recipiente con papel plástico para tenerlo listo cuando se vaya a usar y evitar que se seque.

Glaseado de chocolate

Para 1 hornada

150 g de margarina suave
325 g de azúcar para glaseado tamizada
50 g de cocoa en polvo tamizada
35 a 45 ml de leche

1 Bata la margarina hasta que quede suave.
2 Agregue el azúcar para glaseado y la cocoa tamizada.
3 Agregue leche poco a poco para que forme una consistencia manejable. Bata bien hasta que quede suave y cremosa.

Glaseado de azúcar

Para 1 hornada

130 g de azúcar para glaseado tamizada
Cerca de 30 ml de agua hirviendo
2 ml de esencia de vainilla

1 Ponga el azúcar en un recipiente. Vierta bastante agua para formar una consistencia suave y manejable.
2 Agregue esencia de vainilla y revuelva bien.

Glaseado royal

Para 1 hornada

2 claras de huevos grandes
500 g de azúcar para glaseado tamizada
5 ml de jugo de limón

1 Bata las claras de huevo hasta que queden espumosas.
2 Agregue el azúcar poco a poco, luego el jugo de limón y bata al menos ocho minutos en un batidora hasta que quede consistente.
3 Cubra el recipiente con papel plástico para tenerlo listo cuando se vaya a usar y evitar que se seque.

Modelos

Sombrero de fiesta,
página 18

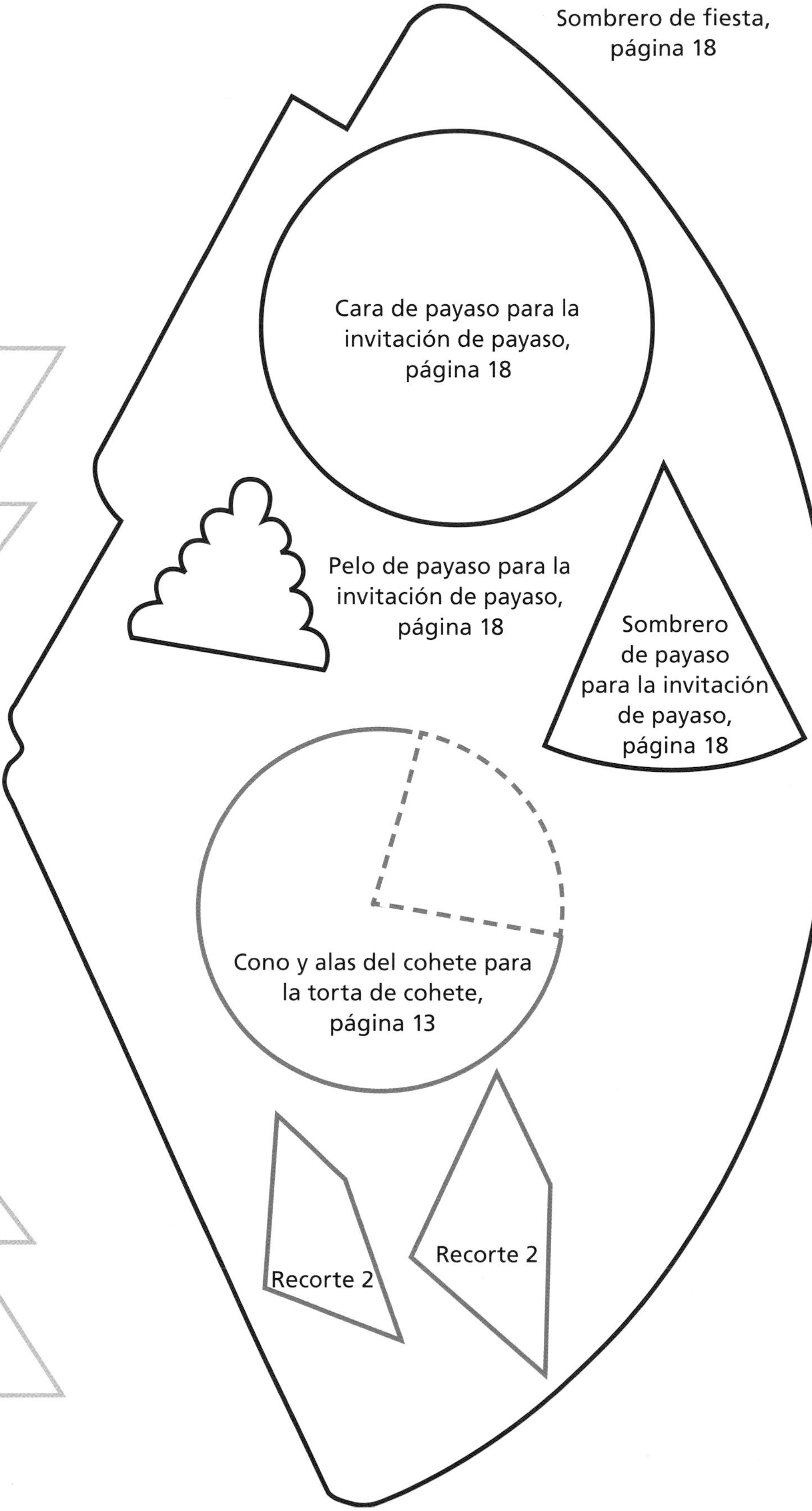

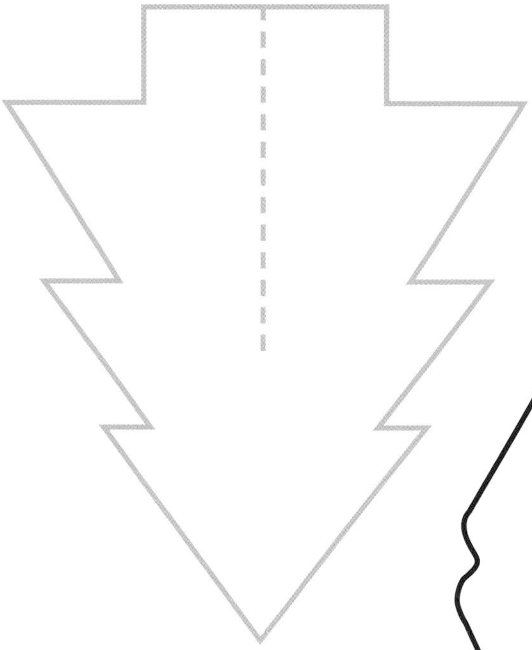

Cara de payaso para la
invitación de payaso,
página 18

Pelo de payaso para la
invitación de payaso,
página 18

Sombrero
de payaso
para la invitación
de payaso,
página 18

Decoración de árbol,
página 26

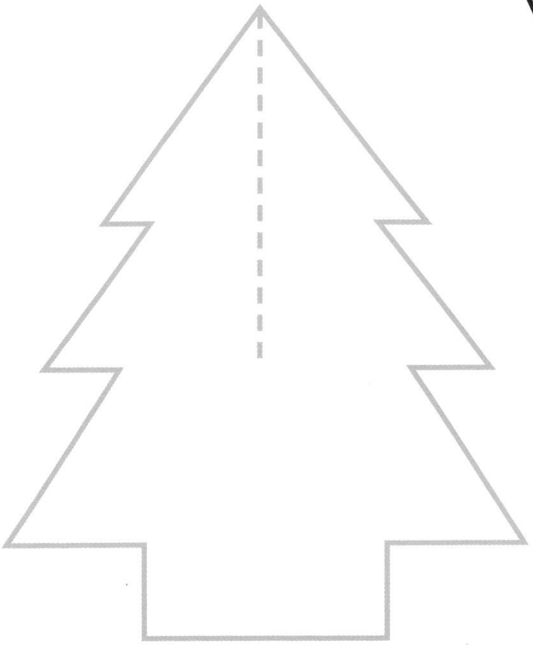

Cono y alas del cohete para
la torta de cohete,
página 13

Recorte 2

Recorte 2

Invitación de la princesa,
página 22

Varita de hada,
página 22

Pompones,
página 26

Invitación de flores,
página 30

Invitación de tractor,
página 34

Decoración de mariposa,
página 30

Partes del cerdito
para bolsas en
forma de cerdito,
página 34

Torta de pescado,
página 37

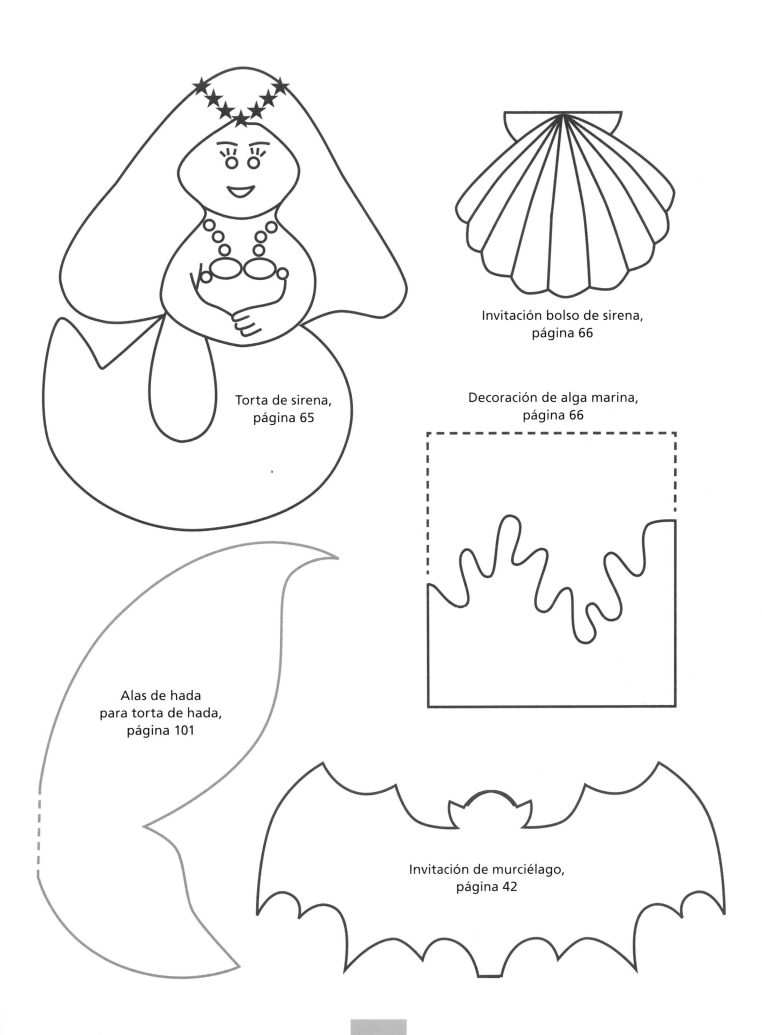

Torta de sirena,
página 65

Invitación bolso de sirena,
página 66

Decoración de alga marina,
página 66

Alas de hada
para torta de hada,
página 101

Invitación de murciélago,
página 42

Torta de helado,
página 57

Molinete de papel,
página 78

Forma de tetera
para mantel y bolsas,
página 54

Tapaojos,
página 74

Invitación de
osito (máscara),
página 54

Torta de osita,
página 53

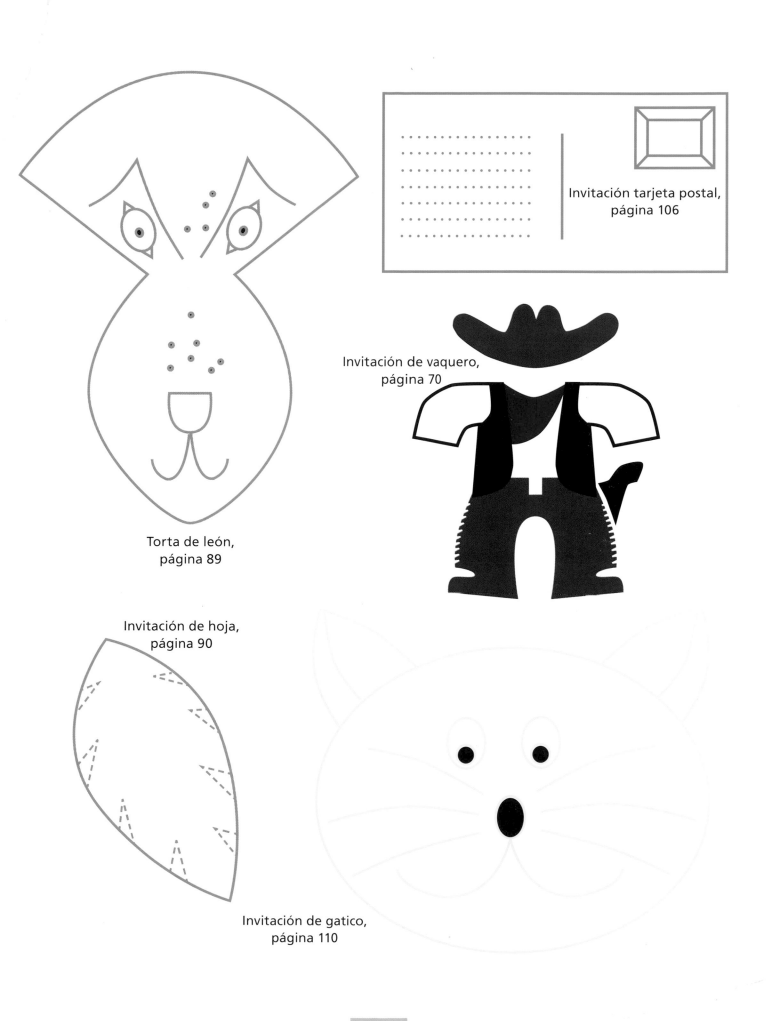

Invitación tarjeta postal,
página 106

Invitación de vaquero,
página 70

Torta de león,
página 89

Invitación de hoja,
página 90

Invitación de gatico,
página 110

Índice